Anne Gehrmann

DIE STOIKERIN

Dein Weg zu innerer Stärke, Gelassenheit und Glück

Bibliografische Information der Deutschen Nationalbibliothek
Die Deutsche Nationalbibliothek verzeichnet diese Publikation in der Deutschen Nationalbibliografie. Detaillierte bibliografische Daten sind im Internet über http://dnb.d-nb.de abrufbar.

Für Fragen und Anregungen:
info@m-vg.de

Wichtiger Hinweis
Ausschließlich zum Zweck der besseren Lesbarkeit wurde auf eine genderspezifische Schreibweise sowie eine Mehrfachbezeichnung verzichtet. Alle personenbezogenen Bezeichnungen sind somit geschlechtsneutral zu verstehen.

Originalausgabe, 1. Auflage 2024

Türkenstraße 89
80799 München
Tel.: 089 651285-0
Fax: 089 652096

Redaktion: Anja Hilgarth
Umschlaggestaltung: Marc-Torben Fischer
Umschlagfoto: Alicia Minkwitz
Satz: Zerosoft, Timisoara
Druck: GGP Media GmbH, Pößneck
Printed in Germany

ISBN Print 978-3-95972-714-3
ISBN E-Book (PDF) 978-3-98609-382-2
ISBN E-Book (EPUB, Mobi) 978-3-98609-383-9

Inhalt

Vorwort

Mein Schiffbruch-Moment

Meinen Schiffbruch-Moment habe ich noch bildlich vor mir: Ich saß auf dem Teppich im Wohnzimmer unseres kleinen Hauses in Kalifornien, das aussah wie viele andere in unserer Straße, und weinte hemmungslos – so ein unschönes Weinen, wenn einen keiner sieht, nicht das niedliche, bei dem ein, zwei Tränen die Wange herunterrollen. Es war Anfang Mai 2020 und die Welt, wie ich (und Millionen andere Menschen) sie kannten, gab es nicht mehr. Seit Wochen waren wir im Lockdown, umgeben von einer unsichtbaren Bedrohung, von der zu dem Zeitpunkt noch niemand sagen konnte, wie gefährlich sie war oder wie lange sie bleiben würde. Mein Mann, gewohnt entspannter Hanseat mit Ruhepuls unter 60 und grundsätzlicher Optimist, war der Meinung, dass in wenigen Monaten eine Impfung gefunden sein und der ganze Spuk sich in Luft auflösen werde.

Aber ich spürte ganz stark, dass das nicht stimmte. Eine Wand aus Angst und Panik baute sich in mir auf. Meine Gedanken kreisten: Was wäre, wenn wir beide gleichzeitig dieses Virus bekämen? Wer würde sich um unsere kleinen Kinder kümmern? Unsere Familie aus Deutschland durfte nicht mehr einreisen. Wie viele

Menschen würden sterben? Wie sollte unsere Gesellschaft so funktionieren? Ich wollte Kontrolle über die Situation gewinnen und betrieb, was als »Doomscrolling« einen eigenen Ausdruck bekam: Ich konsumierte so viele Nachrichten wie nur möglich, hörte stundenlang Experteninterviews. Frauen mit Autoimmunerkrankungen sollen besonders gefährdet sein für schwere Verläufe? Ich sah mich mit einem Bein im Grab. Je mehr ich in mich aufsog, umso angespannter und ängstlicher wurde ich.

Dazu kam, dass das Eingesperrtsein im eigenen Haus bei mir starke Gefühle von Beklemmung und Panik weckte. Im Vergleich zu vielen anderen lebten wir privilegiert – immerhin hatten wir ausreichend Platz und einen Garten, in dem die Kinder toben konnten. Trotzdem rief dieser Zustand Erinnerungen an eine Zeit hervor, die ich lieber vergessen wollte: Es waren die wochen- und teilweise monatelangen Episoden der vergangenen Jahre, in denen die Wälder in Kalifornien nah und fern in Flammen standen und die Luftqualität so schlecht war, dass sie ein erhebliches Gesundheitsrisiko darstellte. Im Herbst 2018 war es besonders schlimm und ich hochschwanger, hinsichtlich der Auswirkungen auf das Baby voller Sorge. Ich blieb im Haus, in dem in jedem Wohnraum Tag und Nacht Luftreiniger liefen. Das Leben in Kalifornien war nicht nur sonnig.

Zu Beginn der Pandemie jedenfalls machte mich die Ungewissheit in der neuen Situation unruhig, launisch und ständig gereizt. Ich suchte nach etwas, das mir Halt, Ruhe und Vertrauen gab. Unsere Krankenkasse, amerikanisch schnell und patent, bot einen kostenlosen Zugang zu einer Meditations-App an. Ich hatte noch nie meditiert, war aber bereit, nach jedem Strohhalm zu greifen. In der App stieß ich auf eine sogenannte Masterclass, *Stoic Wisdom for Modern Life, with Bestselling Author and Expert on Stoicism Ryan Holiday*. Stoizismus? Was war das noch mal? Ganz dunkel meldete sich in meinem Gedächtnis die Erinnerung an den Lateinunterricht. Stoizismus klang streng und ernst und so gar nicht entspannt. Was hatte das mit meinem Ziel, innere Ruhe zu finden, zu tun? Was hatte das Thema in einer Meditations-App zu suchen? Mein Interesse war geweckt.

Was ich in den nächsten knapp 40 Minuten hörte, änderte mein Leben. Es klingt pathetisch, aber so war es. Es war, als ob sich eine Tür geöffnet hätte zu einer neuen Welt. Kein Thema hatte mich zuvor je so fasziniert wie diese antike Philosophie, über die ich mehr und mehr erfahren wollte – eine Philosophie, die Menschen vor 2000 Jahren auf der Suche nach einem guten Leben geholfen hat und die dabei so unglaublich modern und zeitgemäß ist. Ich verschlang Fachbücher und Originaltexte, belegte einen Kurs an der Stanford Universität zum Thema, besuchte viele Online-Workshops und brachte mich in die immer größer werdende Online-Community von Menschen, die sich für die Philosophie begeistern, ein. Als gelernte Juristin war ich es gewohnt, mich mit komplexen theoretischen Zusammenhängen zu beschäftigen – aber dieses philosophische Denksystem war gleichzeitig so lebensnah. Ich konnte meine Erkenntnisse unmittelbar in meinem Alltag umsetzen.

Stoizismus gab mir die Kraft und die innere Stärke, um mit den nächsten Schicksalsschlägen umzugehen – und die sollten kommen, diesmal persönlichere als eine Pandemie. Er lehrte mich, klarer über die Welt an sich und meine Rolle darin nachzudenken. Er half mir, mich bewusster mit meinen eigenen Gefühlen, in erster Linie den negativen, auseinanderzusetzen. Er gab mir praktische Werkzeuge an die Hand, mit denen ich mich meinen Ängsten und Sorgen stellen konnte. Er schärfte meine Aufmerksamkeit dahingehend, was mir wirklich wichtig ist im Leben. Wo ich meine Kraft einsetzen soll und wo sie verschwendet ist. Er brachte mir bei, wie wichtig es ist, nicht vorschnell zu urteilen, sondern eine gedankliche Pause einzulegen, bis man eine Situation besser einschätzen kann.

Ich bin durch den Stoizismus ruhiger und gelassener geworden, reflektierter und klarer im Denken. Dadurch, dass ich so viel über mich und meine Gedanken gelernt habe, haben sich meine Beziehungen zu meinen Mitmenschen verbessert – in meiner Kernfamilie, meiner erweiterten Familie, meinem Freundeskreis. Es machte mich zu einer »besseren« Tochter, Schwester, Partnerin, Mutter, Freundin, Kollegin und zu einem besseren Teil der Gesellschaft im Ganzen, da ich meine Rollen klarer definieren kann und in ihnen seitdem mehr aufgehe.

All diese Dinge kann Stoizismus auch in deinem Leben bewirken, und dieses Buch wird dir zeigen, was die Schlüssel dazu sind. Im ersten Teil werde ich die Grundzüge der antiken Philosophie aufzeigen, ohne deren Kenntnis keine praktische Ausführung möglich ist. Im zweiten Teil stelle ich die wichtigsten stoischen Übungen vor, denn es handelt sich um eine praktische Philosophie, die durch Wiederholung und konkrete Anwendung im täglichen Leben erst ihren Sinn entfaltet. Der dritte Teil leitet dich durch einen Übungsmonat, in dem du dich ganz konkret als Stoikerin[1] üben kannst, indem du dich mit den darin vorgeschlagenen Fragen und Themen beschäftigst.

Die im Übungsmonat enthaltene Zusammenstellung von Denkanstößen ist innovativ und dabei einfach in den Alltag zu integrieren. In unserem vollgepressten, oft hektischen Tagesablauf macht nur ein Plan Sinn, der auch realistisch umgesetzt werden kann. Oft ist es neben unseren vielfältigen Verpflichtungen und Aufgaben schon herausfordernd, nur eine kleine Zeiteinheit für sich selbst abzuzwacken. Deswegen sind täglich nur wenige Minuten für diese philosophischen Übungen vorgesehen.

Du wirst feststellen, was auch nur eine kurze Einheit der Achtsamkeit und Reflexion für Auswirkungen auf dein gesamtes Denken und Fühlen haben wird. Wie Studien zeigen, dauert es mehrere Wochen, um eine neue Routine zu entwickeln, um neue Gewohnheiten in Fleisch und Blut übergehen zu lassen. Mit diesem Übungsmonat wird es dir leicht gemacht, am Ball zu bleiben, denn du wirst an der Hand genommen und es wird dir immer leichter fallen, dich in der philosophischen Selbstreflexion zu üben.

Warum habe ich meine erste Begegnung mit Stoizismus gerade als »Schiffbruch-Moment« bezeichnet? Neben dem Ausdruck, nach dem jemand in einer schwierigen Lebenssituation einen Schiffbruch erleidet, hat dieses Bild im Stoizismus noch einen weiteren Grund. Ohne einen tatsächlich stattgefundenen Schiffbruch hätte sich die stoische Philosophie womöglich nie entwickelt.

Der Gründer des Stoizismus, ein wohlhabender Kaufmann namens Zenon von Kition (dem heutigen Zypern), erlitt der Überlieferung nach im 4. Jahrhundert vor Christus einen Schiffbruch, bei dem er seine gesamte Fracht, bestehend aus wertvoller Purpurfarbe, verlor und in Athen strandete. Dort begab er sich der Legende nach in einen Buchhandel (den man sich nicht wie die Buchhandlung um die Ecke vorstellen darf, sondern vollgepackt mit Papyrusrollen handgeschriebener Texte). Er griff wahllos einen der Texte und las in ihm über den berühmten Philosophen Sokrates. Inspiriert fragte er den Buchhändler, wo er einen solchen Mann, einen Philosophen, finden könne, und wie der Zufall es wollte, lief der Philosoph Krates von Theben vorbei, dem sich Zenon anschloss und sein Leben von nun an der Philosophie (*philosophía* = die Liebe zur Weisheit) widmete. Er pflegte zu sagen, dass seine gewinnbringendste Reise an dem Tag begann, an dem er Schiffbruch erlitt.

Und so ist das manchmal im Leben. Ein Ereignis, das im ersten Moment und instinktiv schlecht wirkt, entpuppt sich später als Wendepunkt, der dem Leben eine neue, positive Richtung gegeben hat. Als Herausforderung, an der man wachsen kann. Manchmal sogar als das Beste, was einem je passiert ist. Wie die Trennung, die dazu führt, dass wir uns aus einem toxischen Beziehungsgeflecht befreien. Die Kündigung, die zu einer neuen beruflichen Richtung führt. Die Krankheit, die uns realisieren lässt, dass unsere bisherige Prioritätensetzung uns nicht gutgetan hat. Aber eben erst aus der Retrospektive, der Betrachtung, die erfolgt, nachdem einige Zeit vergangen ist. In dem Moment des vermeintlichen Unglücks selbst geraten wir ungebremst in eine negative Gedankenspirale.

Das liegt daran, dass wir allen Geschehnissen sofort ein Werturteil zuordnen. Wir geben den Situationen ein Etikett, ein Label wie »schlimm«, »katastrophal« oder »fürchterlich«. Dabei wissen wir ganz einfach nicht, was das Schicksal noch für uns bereithält. Sich in diesen Momenten genau das zu vergegenwärtigen ist schwierig, aber man kann es erreichen. Und egal, was es ist, das uns entgegengeschleudert wird: Die innere Einstellung, die wir zu den Geschehnissen einnehmen, ist das Wesentliche. Und diese Einstellung kann nicht genommen oder vorgeschrieben werden, hierin liegt unsere persönliche Freiheit. Wir entscheiden, welche Lesart wir wählen.

Die positiven Auswirkungen der stoischen Lebensphilosophie habe nicht nur ich erfahren. Sie sind bereits empirisch nachgewiesen worden, und zwar von der Non-Profit-Organisation *Modern Stoicism.* Diese in Exeter, UK, im Jahr 2012 von Wissenschaftlern und Psychotherapeuten gegründete Organisation hat es sich zur Aufgabe gemacht, die Anwendung der antiken stoischen Philosophie auf unser modernes Leben zu erforschen und die Ergebnisse der Öffentlichkeit zur Verfügung zu stellen. Ein wesentlicher Teil des angebotenen Programms ist die *Stoic Week*, eine jährlich stattfindende Online-Aktionswoche, in der man unter Anleitung sieben Tage lang wie ein(e) Stoiker(in) lebt. Über 40.000 Teilnehmer zählt das Experiment bislang, und die Ergebnisse unter den Absolventen sind beeindruckend: Nach nur einer Woche nahmen positive Emotionen zu (ein durchschnittlicher Anstieg von 1 Prozent), negative Emotionen nahmen ab (eine Verringerung um durchschnittlich 14 Prozent) und die Lebenszufriedenheit stieg an (im Durchschnitt um 13 Prozent).[2]

Wer hätte gedacht, dass die Beschäftigung mit Philosophie so schnell etwas an persönlichem Lebensglück ändern kann? Die schnelle und (wenn man Stoizismus als Lebensphilosophie für sich wählt und einübt) nachhaltige Wirkung liegt in erster Linie daran, dass diese Art von Philosophie keine abstrakte Elfenbeinturm-Akademikerbeschäftigung darstellt, sondern konkrete Lebenshilfe ist. Jeden Tag. In jeder Situation.

Dieses Buch ist kein akademisches Werk, ich habe weder Philosophie studiert noch bin ich eine ausgebildete Therapeutin, die vertieftes Wissen über Kognitive Verhaltenstherapie, einer auf Stoizismus beruhenden Therapieform, besitzt. Für einen vertieften wissenschaftlichen Einstieg in die Schule der Stoa gibt es Bücher von exzellenten Wissenschaftlerinnen und Expertinnen, auf die ich im Anhang hinweise. Mein Anliegen mit diesem Buch ist es, meine bisherigen Kenntnisse und persönlichen Erfahrungen mit der stoischen Philosophie auf eine praxisorientierte Weise mit anderen zu teilen, in der Hoffnung, dass sie daraus einen Nutzen für ihr Leben ziehen können.

Stoizismus ist bislang im englischsprachigen Raum sehr viel bekannter als bei uns. Eigentlich überrascht das, da die Philosophie in Griechenland und dem Römischen Reich, also dem europäischen

Mittelmeerraum, in der Antike zu Hause war. Die Gründe für die im Vergleich dazu langsame Wiederentdeckung in Deutschland sind vielfältig. Vielleicht haben die Amerikaner weniger Skrupel, die Philosophie aus der Akademikernische ins Licht der Mitte der Gesellschaft zu holen. Vielleicht fehlen in Deutschland noch schillernde Gallionsfiguren wie Ryan Holiday und Massimo Pigliucci in den USA. Fakt ist, dass wir Deutschen eine rationale und soziale Lebensphilosophie genauso brauchen wie alle anderen. Gerade in Zeiten wie heute, in denen man aufwacht und plötzlich herrscht Krieg in Europa. In denen der hausgemachte Klimawandel den Planeten bedroht und seine Auswirkungen selbst für Verdränger und Ewiggestrige nicht mehr zu ignorieren sind. In der die gesellschaftliche Spaltung, die Diskriminierung von Minderheiten und hoher Alltagsstress allgegenwärtig sind.

Stoizismus steht jedem Menschen offen. Es gibt im Kern der Philosophie nichts, das sie weniger anwendbar für Frauen macht als für Männer. Historisch kulturell bedingt sind uns allerdings aus der Antike nur Schriften von männlichen Stoikern überliefert. So wie Frauen allgemein über die Jahrhunderte hinweg aus dem Kanon der Philosophie ausgeschlossen wurden. Sogar im Modernen Stoizismus sind männliche Stimmen oft zahlreicher und lauter. Dies gilt insbesondere in den Online-Netzwerken, in denen sich bis zu 100.000 an der Philosophie und ihrer Anwendung Interessierte in Gruppen sammeln. Ähnlich sieht es in der Literatur aus: Es schreiben überwiegend männliche Autoren, vor allem in der populärwissenschaftlichen Literatur. Und obwohl Frauen sich von diesen Werken auch angesprochen fühlen, ist es ein Manko, dass überwiegend die weibliche Perspektive fehlt. Damit meine ich die weibliche Erfahrung, den Blickwinkel auf die Welt aus der Sicht einer Frau.

Denn die Erfahrung, Frau zu sein, weicht von der männlichen Erfahrung ab: Als Frau in der Gesellschaft wahrgenommen zu werden bringt Erwartungsdruck auf vielen verschiedenen Ebenen mit sich. Die gesellschaftliche Erwartungshaltung fängt im Kindesalter an und zieht sich durch das ganze Leben hindurch. Ist eine Frau zu weiblich oder nicht weiblich genug? Soll sie Kinder bekommen? Wenn ja, wann und wie viele? Wie viel Sorgearbeit übernimmt sie, wie beruflich erfolgreich ist sie? Es werden ständig Rollenerwartungen an uns herangetragen, erst von außen seitens der Gesellschaft, und irgendwann hat man diese dann verinnerlicht. Die divergierenden Rollen bauen Stress auf. Die eigene Erwartungshaltung ist so hoch, dass sie enttäuscht werden muss. In den Köpfen herrschen vielfach noch Stereotypen vor, wie das der egoistischen, kinderlosen Karrieristin oder das der selbstlosen, wirtschaftlich keinen erheblichen Beitrag leistenden Hausfrau und Mutter, die einander gegenübergestellt werden. Ungefähr 80 Prozent der Mütter arbeiten heute in Voll- oder Teilzeit und viele davon reiben sich an beiden Fronten auf. Egal, welche Lebensform Frauen wählen, sie müssen sich mehr dafür rechtfertigen als Männer. Oder heißt es etwa »die Junggesellinnen-Bude« und »der alte Jungfer«?

Trotz des gesellschaftlichen Fokus, den die Thematik im Rahmen der »*#MeToo*«-Bewegung erfahren hat, erleben heute immer noch viel zu viele Frauen sexuelle, psychische und körperliche Gewalt. 35 Prozent der Frauen in Deutschland haben körperliche und/ oder sexuelle Gewalt durch einen Partner oder eine andere Person seit ihrem 15. Lebensjahr erfahren. Im europäischen Durchschnitt sind es 33 Prozent.[3] Dazu kommen Erfahrungen von sexueller und geschlechtsbedingter Diskriminierung am Arbeitsplatz, obwohl dies gegen geltendes Recht verstößt. Auch hält sich hartnäckig eine Ungleichheit in der Bezahlung von Frauen und Männern bei gleicher Arbeit, bekannt als Gender Pay Gap. Gewalt gegen und Diskriminierung von Frauen sind also, wie die Zahlen zeigen, keineswegs Nischenprobleme.

Diese Probleme und unhaltbaren Zustände müssen gesamtgesellschaftlich angegangen werden. Es sind ungerechte Umstände, gegen die sich auch die stoische Philosophie wendet, bei der die Gerechtigkeit, also der faire Umgang mit anderen, eine Kardinaltugend darstellt. Keineswegs dürfen Frauen lediglich in die Verantwortung genommen werden, sich selbst Coping-Strategien zu suchen, oder dazu verdammt sein, diese Umstände einfach ertragen zu müssen. Trotzdem ist es unerlässlich, etwas für die eigene psychische Gesundheit zu tun. Es ist wichtig, seine innere Kraft zu entdecken und zu kultivieren. Die stoische Philosophie kann uns dabei ermächtigen und unterstützen, trotz widriger Umstände Glück und Gelassenheit zu finden.

Frauen kümmern sich viel um andere. Sie tun das in der Kindererziehung und der Pflege von Angehörigen, sie erledigen Hausarbeit und engagieren sich im Ehrenamt. Dabei zeigen Erhebungen, dass Frauen pro Tag im Durchschnitt 52,4 Prozent mehr Zeit für unbezahlte Sorgearbeit als Männer aufwenden, eine Diskrepanz, die als Gender Care Gap bezeichnet wird.[4] Bei so viel Kümmern um andere bleibt oft die berühmt-berüchtigte Selbstfürsorge auf der Strecke. Die Folgen sind Erschöpfung und gesundheitliche Probleme. Institutionen wie das Müttergenesungswerk registrieren seit der Pandemie eine Flutwelle von Kuranträgen. Einer vom Bundesministerium für Familie, Senioren, Frauen und Jugend im Jahr 2019 in Auftrag gegebenen Studie zufolge hatten bundesweit 24 Prozent aller Mütter (und immerhin 18 Prozent der Väter) von Kindern unter zwölf Jahren bereits vor der Pandemie Kurbedarf, eine Situation, die sich weiter zugespitzt hat.[5]

Philosophische Selbstfürsorge kann nicht alle diese Probleme lösen, aber sie kann dabei helfen, sich selbst nicht zu verlieren, bei sich zu bleiben und seine innere Mitte zu finden. Nur wer sich selbst die Sauerstoffmaske zuerst aufsetzt, kann weiter für andere da sein. Stichwort Selbstfürsorge: Angefangen zu meditieren habe ich übrigens trotzdem. Man sollte nicht nur auf ein Pferd setzen. Aber nichts hat mein Leben so nachhaltig verändert wie Stoizismus. Ich hoffe, dass die Philosophie auch dein Leben bereichern wird.

Also lass uns anfangen.

Teil 1

Der stoische Weg

Kapitel 1

Eine Lebensphilosophie – wer braucht denn so was?

Erst einmal müssen wir klären, was es überhaupt mit dem Begriff der Lebensphilosophie auf sich hat. Denn manchmal weiß man nicht, dass einem etwas fehlt, bis man es gefunden hat. So ging es mir jedenfalls mit Stoizismus als Lebensphilosophie. Ich hatte noch nie über die Frage konkret nachgedacht, was meine Lebensphilosophie war, und hätte auch nicht gewusst, wo mir eine solche einen Mehrwert gebracht hätte. Nähern wir uns dem Thema mithilfe von IKEA.

»Wohnst du noch oder lebst du schon?« – erinnerst du dich noch an diesen eingängigen Slogan des Einrichtungshauses, in dem man schon so manchen Samstag mehr oder weniger freiwillig verbracht hat? Die Werbeagentur hat damit den Nagel buchstäblich auf den Kopf getroffen. Will ich etwa nur schnöde wohnen? Es handelt sich offensichtlich um eine rhetorische Frage, denn wir wollen nicht nur vor uns hin wohnen, nein, wir möchten LEBEN, und zwar voll und aus ganzen Zügen und so gut es nur eben geht. Also her mit der neuen IKEA Ektorp Couch und dem Hocker dazu, und dann wandern auch noch 24 Duftkerzen auf dem Weg zur Kasse in den Korb, die kann man immer gebrauchen (mein Mann sieht das allerdings anders). Ein weiterer Schritt auf dem Weg zu einem zufriedeneren und glücklicheren Leben. Oder auch nicht.

Die Stoiker (und andere antike Philosophen) würden auf keinen Fall versuchen, uns zu mehr Konsum zu verleiten – ganz im Gegenteil. Ihre Frage an uns wäre eine leicht, aber entscheidend andere: Lebst du – oder lebst du ein gutes Leben?

Das ist ein qualitativer Unterschied, der über den Sitzkomfort einer neuen Couch weit hinausgeht. Was meinen sie damit? Lebst du vor dich hin, nimmst jeden Tag, wie er kommt, ohne ein klares Ziel? Oder lebst du ein gutes Leben? Ein Leben, das nicht lediglich durch die Befriedigung von momentanen Begierden geprägt ist, sondern einen dauerhaften Zustand der tiefen Zufriedenheit und Ausgeglichenheit darstellt? Ein Leben, das im Einklang mit den von dir gesetzten Werten steht und dir ein Gefühl von Erfüllung gibt? Wie bei der IKEA-Werbefrage ist auch hier die zweite Alternative eindeutig attraktiver. Es stellt sich nur die Frage: Wie mache ich das genau, ein gutes Leben leben?

Hilfreich wäre auch hier eine Bedienungsanleitung. Jeden Tag prasselt so viel auf uns ein an Ratschlägen für ein gutes beziehungsweise »verbessertes« Leben. Die eine verwirklicht sich hier, die andere dort, so viele Möglichkeiten und Chancen scheinen nur auf der Straße zu liegen. Ins Gesicht schreit einem das ganze selbstverwirklichte Glück in den sozialen Medien. Der Eindruck drängt sich auf, dass überall um uns herum das Glück nur so floriert, auch wenn wir rational wissen, dass das alles eine Scheinwirklichkeit ist. Stell dir vor, du bist glücklich und keiner sieht deinen Beitrag in den sozialen Medien – warst du dann überhaupt glücklich? Viele Wege zum

Glück, viele Coaches, viel Optimierungsrat, wie ich schöner, reicher und erfolgreicher werde.

Aber ist das überhaupt das, was ich will und brauche? Ist mein Leben besser messbar mit diesen neuen Sneakern? Sinnvoller, wenn ich 1000 Follower mehr habe? Bin ich glücklicher, wenn ich fünf Kilo abgenommen habe und endlich einen Yoga-Kopfstand beherrsche? Eine bessere Version meiner Selbst, wenn ich mir die empfohlene Augencreme appliziert habe, essenzieller Bestandteil einer achtteiligen koreanischen Skincare-Routine? Wenn ich endlich »*that girl*« bin, die, die ihr Leben im Griff hat und dabei all die richtigen Produkte benutzt? Offensichtlich ja nicht, und trotzdem ist es schwierig, aus diesem Zirkus auszubrechen.

Eine Lebensphilosophie, wie ich sie meine, ist auch kein Allheilmittel zum Glück und alleiniger Schlüssel zum guten Leben, aber sie gibt dir ein Grundgerüst an Prinzipien, auf deren Basis du handeln kannst. Sie gibt dir moralische Richtlinien, ohne dogmatisch zu sein. Sie gibt dir einen Kompass für Entscheidungen und gleichzeitig ein Fundament, auf das du dich zurückziehen und verlassen kannst. Sie ist immer bei dir, begleitet dich bei jedem Schritt. Sie macht dich ruhiger, stärker und unempfindlicher gegen Druck, Einfluss, kurz gesagt: Lärm von außen.

Also her mit der Lebensphilosophie. Nur welche? Zahlenmäßig verbreitet ist der Hedonismus – quasi die »Philosophie« unseres Zeitalters. YOLO *(You only live once)*, man lebt nur einmal! Unser Leben ist begrenzt, also möchte ich jetzt und hier genauso viel Spaß wie nur eben möglich haben, koste es, was es wolle. Die Rechnung zahle ich (oder jemand anders) später. Angesichts der Probleme, mit denen wir täglich konfrontiert werden, wie Klimaerwärmung, Massenmigration und globale Pandemien, um nur mal ein paar zu nennen, hinterlässt Hedonismus, bei den meisten mindestens einen fahlen Beigeschmack.

Dazu kommt ein Phänomen, das als »hedonistische Tretmühle« beschrieben wird: Der Mensch arbeitet auf ein meist materielles Ziel hin und verspürt, wenn er es erreicht, eine kurzfristige Zufriedenheit. Diese Befriedigung hält allerdings nur kurz an und schon braucht er das nächste, bessere Produkt oder Erlebnis. Ein tiefes, anhaltendes Glücksgefühl kann dabei nicht entstehen, man strampelt wie auf einem Hometrainer auf der Stelle. Auch »hedonistische Adaption« genannt, besagt das von Psychologen erstmals in den 1970er-Jahren beschriebene Phänomen also, dass ein bestimmter Grad unseres Glücksgefühls konstant bleibt. Nach kurzen Ausschwüngen nach unten oder oben pendelt sich unser gefühltes Glück wieder auf dem bisherigen Level ein. Äußere Einflüsse sind demnach nur kurzfristig hilfreich, was bleibt, ist die berühmt berüchtigte innere Einstellung. An der zu arbeiten, das erfordert Disziplin und Beständigkeit. Um nicht als »Auffang«-Lebensphilosophie auf dem Hedonismus hängen zu bleiben, muss man sich aber damit auseinandersetzen, was einem wirklich wichtig ist.

Früher gab Religiosität vielen Menschen Sinn und Richtung, dazu kam eine Gemeinschaft, in der sie sich einbringen konnten, sich aufgehoben und angenommen fühlten. Religionen stellen im weiteren Sinne ebenso Lebensphilosophien dar wie Strömungen in der Philosophie. Denn eine Lebensphilosophie, so hat es der Autor und eine der einflussreichsten Stimmen im Modernen Stoizismus, Massimo Pigliucci, beschrieben, setzt sich grundsätzlich aus mindestens zwei Bereichen zusammen: einer Metaphysik und einer Ethik.[6] Die Metaphysik umfasst ein Modell, nach dem die Welt funktioniert, zum Beispiel im Christentum einen allmächtigen Gott, der die Welt und die Menschen erschaffen hat. Die Ethik beinhaltet Leitlinien, wie wir uns in der Welt zu verhalten haben (im Christentum die zehn Gebote und die Lehre von Jesus Christus). Als weitere Komponente kommt eine Praxis hinzu. Praktische Übungen stellen die eigentliche Ausübung der Lebensphilosophie dar, die Einübung der Theorie. Im Christentum beten die Gläubigen, besuchen Gottesdienste, lesen die Bibel oder sind in der Gemeinde aktiv. Der Stoizismus setzt sich aus diesen drei Teilbereichen zusammen, der Physik, der Logik und der Ethik, wobei sich dieses Buch zum größten Teil mit der Ethik beschäftigen und die anderen Bereiche nur streifen wird.

Selbst wenn man nicht direkt christlich erzogen worden ist, so sind die Werte des Christentums in unserer Gesellschaft schon immer von herausragender Stellung gewesen, Werte wie Nächstenliebe und Gerechtigkeit, Ehrlichkeit und Barmherzigkeit. Allerdings haben viele von uns, sei es aufgrund von nicht aufgearbeiteten Missbrauchsskandalen oder dem Umgang mit Frauen und der LGBTQIA*-Community, inzwischen Probleme mit den kirchlichen Institutionen und können sich damit nicht mehr identifizieren. Interessanterweise finden sich im Christentum sehr viele Ideen des Stoizismus wieder. Manche Zitate des großen stoischen Denkers Seneca könnten Zitate aus der Bibel sein, besonders wenn es um Nächstenliebe geht. Die Anfänge des Christentums überschneiden sich zeitlich kurz mit dem antiken Stoizismus, der offiziell mit dem Tod des letzten großen Stoikers, Kaiser Mark Aurel, 180 n. Chr. endete. Das Christentum hat sich dann in Europa und großen Teilen der Welt durchgesetzt, wohingegen der Stoizismus in der Versenkung verschwunden ist. Zur Klarstellung: Stoizismus als Philosophie und Religionen wie das Christentum schließen sich nicht aus, sondern werden von vielen Menschen komplementär gelebt.[7]

Einige zumindest oberflächliche Parallelen hat Stoizismus auch mit dem Buddhismus, weswegen die Philosophie auch manchmal als »Buddhismus des Westens« bezeichnet wird. Ob und inwieweit sich die beiden Denkschulen gegenseitig beeinflusst haben, ist heute schwer nachvollziehbar. Ohne mich in der Tiefe mit Buddhismus beschäftigt zu haben, scheint es Gemeinsamkeiten zu geben: Auch im Buddhismus geht es darum, sich von den Fesseln der äußeren Einflüsse und unseres Verlangens zu entfernen, um zu Freiheit zu gelangen. Ziel ist es, auch angesichts widriger Umstände ausgeglichen und unbeschädigt zu bleiben. Bei beiden gibt es ein Ideal, das anzustreben ist: im Buddhismus der erleuchtete Buddha, im Stoizismus der oder die Weise. Beide Traditionen legen den Schwerpunkt auf die Gegenwart, auf das Jetzt und Hier, die Buddhisten durch Meditation, die Stoiker durch andere tägliche praktische Übungen. In beiden Traditionen wird Wut als eine besonders zerstörerische Emotion betrachtet, die es zu vermeiden gilt. In beiden setzt man sich mit dem Thema Vergänglichkeit oft und aktiv auseinander.

Eine Lebensphilosophie, wie ich sie beschreibe, hat einen theoretischen und einen praktischen Teil. Der theoretische Teil, also das intellektuelle Wissen, bildet die Grundlage für die praktische Ausübung und ist unerlässlich. Wie kann man handeln, wenn man gar nicht versteht, auf welchen grundlegenden Überlegungen die eigene Überzeugung fußt? Ohne die praktische Anwendung hingegen ist alle Theorie nutzlos. Nur wer seine Überzeugung auch in die Tat umsetzt oder es zumindest versucht (wie wir sehen werden, ist es sehr anspruchsvoll, im stoischen Sinne perfekt zu werden), macht Fortschritte und lebt seine Philosophie.

Der Moderne Stoiker William B. Irvine nennt in seinem Buch *A Guide to the Good Life* noch einen weiteren Grund dafür, sich zu überlegen, wie die eigene Lebensphilosophie genau aussieht: damit einen am Ende des Lebens nicht das ungute Gefühl beschleicht, das Leben verschwendet zu haben. Unendlich ist es nicht, unser Leben, das wissen wir alle (außer *Cryonics*, das sind die, die sich einfrieren lassen, da sie darauf hoffen, mithilfe zukünftiger Medizin zu ewigem Leben zu finden, aber das ist nicht nur eine Minderheit, das Verfahren hat auch eine nicht sehr hohe Erfolgsaussicht). Die Zeit, die uns zur Verfügung steht, wollen wir gut nutzen.

Die australische Palliativpflegerin Bronnie Ware beschreibt in ihrem Buch *The Top Five Regrets of the Dying*, welche Dinge Menschen auf dem Totenbett am meisten bereuen. Ihr zufolge bereuen viele Menschen, wenn sie ihrem Tod entgegentreten, dass sie sich nicht erlaubt haben, glücklicher zu sein. In unserer Leistungs- und Konsumgesellschaft arbeiten wir andauernd auf Ziele hin, mit deren Erreichen wir uns vorstellen, glücklich zu sein. Wenn ich erst die neue Position im Job habe. Wenn ich erst mal ein eigenes Haus gekauft habe (was für die meisten sowieso heutzutage ein unerreichbarer Traum bleibt). Dann wird alles besser – oder auch nicht. Es ist leichter gesagt als getan, aus diesem Hamsterrad auszubrechen und den Moment zu genießen, in dem einem das Glück auf dem Schoß liegt. Kein Glück empfunden zu haben, ohne es sich nach externen Parametern wie einem Karriereschritt, Kontostand oder anderen Statussymbolen »verdient« zu haben, das bedauern viele Menschen am Ende ihres Lebens. Mit einer zu uns passenden Lebensphilosophie als Leitlinie können wir versuchen, diese Falle zu umgehen.

Kurz gesagt

- Es ist dringend und wichtig, sich mit der Frage auseinanderzusetzen, welche Leitlinien, welche Werte und Annahmen dein Leben bestimmen sollen, und gemäß diesen Prinzipien zu leben. Ansonsten besteht die Gefahr, zu spät zu merken, dass man Prioritäten falsch gesetzt und sein volles Potenzial für ein glückliches Leben nicht entfaltet hat.
- Eine Lebensphilosophie bietet dir ein in sich stimmiges System, das dir aufzeigt, wie die Welt funktioniert und wie du dich am besten in ihr verhältst. Sie besteht grundsätzlich aus einer Metaphysik, einer Ethik und einer Praxis.

Kapitel 2

Begriffsklärung und Fehlinterpretationen

Als ich neulich die Serie *You* anschaute, bei der ein dauerverliebter Serienkiller von einer extremen Situation in die nächste gerät, tauchte es wieder auf, das Wort, auf das ich sofort entzückt reagiere: stoisch. Die Hauptdarstellerin, eine britische Kunstgaleristin namens Kate, beschreibt damit das Verhalten, das ihre Mutter von ihr in ihrer Kindheit erwartet hat, selbst angesichts von Schicksalsschlägen wie dem Tod der Großeltern. Keine Miene verziehen, ungerührt weitermachen wie bisher, sich keine emotionalen Entgleisungen leisten, dafür steht das Wort »stoisch« im modernen Sprachgebrauch. Teilweise wird der Begriff sogar mit Gleichgültigkeit oder Gefühlskälte assoziiert. Das klingt nicht attraktiv für eine Lebensphilosophie, oder?

2.1 Der Begriff »Stoizismus«

2.1.1 Was »stoisch« wirklich bedeutet

Die Bedeutung des Wortes in der Netflix-Serie hat allerdings nur sehr wenig mit der philosophischen Schule der Stoa zu tun. Über die Jahrhunderte hinweg hat sich die Bedeutung des Wortes geändert. Woher kommt eigentlich der Begriff »stoisch«? Als Zenon in Athen seine Schüler um sich sammelte, tat er das in der *stoa poikile.* Die Stoa war eine Säulenhalle im antiken Griechenland, in der sich Menschen trafen, um sich auszutauschen. So ein bisschen wie die sozialen Medien heute, sozusagen die Kommentarecke von Athen. Daher stammt also der Name, weil es eine Philosophie aus der Mitte der Gesellschaft war, die auf einem offenen Versammlungsplatz gelebt wurde, wo politische und gesellschaftliche Entwicklungen diskutiert werden. Hier gab es nicht nur Philosophen, sondern auch Bettler, Gaukler und Händler. Statt die Anhänger der Schule nach ihrem Kopf »Zenonier« zu nennen, setzte sich der Begriff »Stoiker« durch. Der Kult um eine Person, die keine Heilige oder, wie die Stoiker sagen, keine Weise, ist, passt nicht zu dieser Philosophie.

Dass sich die Assoziationen zu einem Begriff geändert haben, ist interessanterweise gleich mehreren antiken Philosophieschulen passiert. Aufbauend auf der Lehre des Philosophen Sokrates bildeten sich verschiedene sogenannte hellenistische Schulen. Unter den bedeutendsten waren, neben den Anhängern von Plato und seinem Schüler Aristoteles, die Kyniker und die Epikureer. Die Begriffe »zynisch« (die Kyniker) und epikureisch (Anhänger des Philosophen Epikur) haben ein ähnliches Schicksal erlitten wie der Begriff »stoisch«.

Die Kyniker waren jedoch keine Fieslinge, die andere grausam verspotteten, wie der heutige Sprachgebrauch nahelegen würde, sondern davon überzeugt, dass man auf jeglichen Besitz verzichten soll, um ein glückliches Leben zu führen. Außerdem waren ihnen gesellschaftliche Konventionen egal (Sex in der Öffentlichkeit war beispielweise durchaus praktikabel). Einen berühmten Kyniker haben wir schon kennengelernt, es ist Krates von Theben, der Lehrer von Zenon von Kitium. Wir können uns also vorstellen, dass Zenon sich einiges von Krates dem Kyniker abgeschaut hat, aber ich nehme es vorweg: So radikal wie die Kyniker waren die Stoiker nicht, man darf durchaus Besitz sein Eigen nennen. Auf offener Straße masturbieren oder in Fässern schlafen, so bunt trieben es die Stoiker ebenfalls nicht.

Epikur wiederum und seine Freunde waren keine genusssüchtigen Gourmets, die sich in Pendants zu Michelin-Restaurants der Antike herumtrieben, sondern sie hielten sich zurückgezogen in einem Garten vor den Toren Athens auf und praktizierten die Freude an den einfachen Dingen. Ihr Fokus lag darauf, möglichst schmerzfrei zu leben. Und da das schwierig ist, wenn man sich in politische Kämpfe involviert, wählten sie den Rückzug in die Ruhe und ins Private. Das war der Hauptunterschied zu den Stoikern, von denen viele politisch aktiv waren und sich mit den Mächtigen ihrer Zeit anlegten. Teilweise brachte diesen ihr Einsatz politisches Exil ein, eine unangenehme Angelegenheit, bei der man auf steinigen Inseln hausen musste, weit weg von Freunden und Heimat. Noch unangenehmer als ins Exil vertrieben zu werden war allerdings der aufgezwungene Selbstmord, ein Schicksal, das beispielsweise den großen stoischen Denker Lucius Seneca ereilte.

Was an der heutigen Auslegung des Wortes »stoisch« stimmt, ist, dass die Philosophie der Stoiker uns zu größerer Gelassenheit und innerer Ausgeglichenheit führt. Was falsch ist, ist, dass es um ein Abtöten von Gefühlen geht. Vielmehr sollen negative Gefühle wie Angst, Hass oder Wut verringert werden, während positive Emotionen wie Liebe und Freude unser Leben bestimmen sollen. Als Stoikerin unterdrückst du deine Gefühle also nicht – das wäre auch aus moderner psychologischer Sicht nicht empfehlenswert und kann zu Depressionen und anderen Krankheiten führen. Vielmehr hinterfragst du deine negativen Gefühle, beschäftigst dich aktiv mit ihnen und kultivierst positive Gefühle wie Wohlwollen oder Dankbarkeit. Wie das funktioniert, das erkläre ich im Kapitel über die stoische Emotionslehre.

Richtig ist auch, dass Stoikerinnen abwarten und sich nicht sofort eine Meinung bilden. Es ist eine rationale Philosophie, eine, die uns dazu aufruft, den uns gegebenen Verstand zu benutzen und Vernunft unser Handeln leiten zu lassen. Aber keineswegs eine, die zu Apathie oder Gleichgültigkeit aufruft. Vielmehr fordert uns eine der vier stoischen Tugenden, nämlich die der Gerechtigkeit, dazu auf, uns aktiv im Zusammenleben für ein faires Miteinander einzusetzen, andere so zu behandeln, wie wir selbst behandelt werden möchten, und jedem Menschen den ihm zustehenden Anteil zukommen zu lassen. Gleichgültigkeit hat da keinen Platz.

2.1.2 Was genau »Stoizismus« ist

Also was genau ist Stoizismus nun? Wenn man zehn unterschiedliche Personen, die sich damit auskennen, um einen Elevator Pitch (das ist eine Kurzpräsentation, in der man in wenigen Minuten die Zuhörerschaft von der eigenen Idee überzeugen soll) dazu bittet, wird man zehn unterschiedliche Antworten erhalten. Und alle sind vermutlich richtig, alle decken einen wichtigen Teil der Philosophie ab. Das liegt daran, dass es sich um ein komplexes, in sich stimmiges philosophisches Denksystem handelt, das über Jahrhunderte gewachsen ist und viele verschiedene Ebenen und Schwerpunkte hat.

Eine der Definitionen, die mir gefällt, liefern die Autoren Kai Whiting und Leonidas Konstantakos in ihrem Buch *Being Better – Stoicism for a World Worth Living in*: Sie beschreiben Stoizismus als eine praktische Philosophie, die uns ein Werkzeug für schwere Zeiten an die Hand gibt, während sie gleichzeitig unser Ego und unsere Ausschweifungen im Zaum hält, wenn alles gut läuft. Oder diese Definition, die einer der führenden Köpfe der Modernen-Stoizismus-Bewegung, Autor und Therapeut Donald Robertson, liefert, als er von einem zehnjährigen Mädchen gebeten wird, Stoizismus in einem Satz zusammenzufassen: »Stoizismus ist eine antike griechische Philosophie, die besagt, dass wir tun sollen, was wir können, und zwar nach besten Kräften und so weise wie es uns nur möglich ist, während wir akzeptieren, dass externe Ereignisse nie komplett unter unserer Kontrolle sind.«[8]

Stoizismus ist eine antike *Lebens*philosophie – und damit etwas vollkommen anderes als die abstrakte theoretische Philosophie, die wir heute kennen und fürchten. Es ging in der Antike, also in Athen und Rom vor 2300 bis 1800 Jahren, um das konkrete Anwenden von Philosophie als Lebenskunst. Das meint die Suche nach Antworten auf Fragen wie: Wie lebe ich ein gutes Leben, heute und hier? Wie kann ich glücklich sein angesichts der schlimmen Dinge, die um mich herum passieren? Wie kann ich meinem Leben Sinn und Bedeutung geben? Was sind meine Aufgaben als Mensch?

Nach dem Tod von Zenon übernahmen andere Häupter die philosophische Schule, und etwa um 150 v. Chr. kam die Philosophie von

Griechenland nach Rom, dem Nabel der damaligen Welt als Herz des Römischen Reiches. Von den römischen Stoikern stammen die meisten Texte, die uns heute überliefert sind. Die berühmtesten Vertreter waren Seneca, Epiktet, dessen Lehrer Musonius Rufus und Kaiser Mark Aurel.

Die Aufgabe des Philosophen war es damals, ein Arzt für die Seele zu sein. Er sollte die Menschen und deren Einstellungen und Glaubenssätze untersuchen und das, was sie für Glück und Unglück hielten. Dass die Stoiker mit ihren Ideen über die menschliche Psyche richtiglagen, zeigt sich daran, dass 2000 Jahre später die kognitive Verhaltenstherapie auf den Grundsätzen der stoischen Emotionslehre aufgebaut wurde. Die stoische Therapie der Seele hilft aber auch schon präventiv. Es ist besonders wichtig, sich um seine psychische Gesundheit zu kümmern, denn angesichts einer landesweiten Knappheit an Therapieplätzen, an der sich in nächster Zukunft leider wohl wenig ändern wird, müssen wir alle selbst auf uns und unsere Mitmenschen achten.

2.2 Stoizismus auf Abwegen

Dass wir heute mit »stoisch« oft nicht die ursprüngliche Bedeutung des Wortes meinen, habe ich bereits beschrieben. Daneben gibt es noch eine andere Fehlinterpretation des Stoizismus, die sich durchaus als »Irrweg« bezeichnen lässt: In den letzten Jahren haben sich immer wieder frauenfeindliche Online-Gruppierungen auf Stoizismus bezogen und die Philosophie für ihre Zwecke missbraucht. Die Rede ist von der sogenannten Mannosphäre (auf Englisch *manosphere*), einem Sammelsurium aus verschiedenen antifeministischen Gruppierungen.

Bevor ich dazu komme, wie die Anhänger der Mannosphäre sich des Stoizismus »bedienen«, hier ein kurzer Ausflug in dieses gesellschaftliche Phänomen.

2.2.1 Die Mannosphäre

Vorherrschende Grundannahme der Mannosphäre-Gruppierungen ist eine Verschwörungstheorie, nach der Feministinnen und politische Korrektheit die heutige Gesellschaft dominieren. Männer werden als unterdrückt, als Opfer einer männerfeindlichen Kultur gesehen. Die Anhänger rufen zum Kulturkampf und zur Wiederherstellung des Patriacharts auf. Da die Anhänger für sich in Anspruch nehmen, die Wahrheit erkannt zu haben, nennen sie sich auch das *Red Pill Movement*: Wie der Hauptcharakter Neo (gespielt von Keanu Reeves) im Kultfilm *Matrix* haben sie sich entschieden, die rote Pille zu schlucken, mit der sie die Realität erfahren haben (und nicht die blaue, mit der man weiter in der Traumwelt bleibt).

Eng verflochten ist diese Ideologie an vielen Stellen mit rechtem und rassistischem Gedankengut. Die Szene setzt sich aus unterschiedlichen Blogs zusammen, in denen prominente »Manfluencer« über ihr Ideal von Männlichkeit schreiben. Ein Ideal, in dem Frauen Männern unterlegen und wenn nötig mit Gewalt zu kontrollieren sind, Mitschuld an Übergriffen gegen sich tragen und wie Eigentum zu behandeln sind. Auch in diversen Chatforen und Portalen wie Reddit treffen sich Anhänger, die Hass und Verachtung für Frauen eint.

Zu den verschiedenen Untergruppen der Mannosphäre gehören die Incels, vom englischen *Involuntary Celibates*, also unfreiwillig enthaltsam lebende Männer, die Frauen die Schuld an ihrem Leben im Zölibat geben. Eine andere Gruppierung nennt sich »Pick Up

Artists«. Sie suchen nach Wegen, um möglichst viele Frauen zu erobern und sexuell auszunutzen, da sie meinen, dazu per Status als Mann berechtigt zu sein. Dafür geben sie sich untereinander Tipps und Aktionspläne. Sie unterteilen Männer in »Alpha«- und »Beta«-Männer, wobei Frauen nach ihrer Weltsicht ausschließlich an attraktiven, starken und dominanten Alpha-Männern interessiert sind, weswegen es gilt, sich als ein solcher zu präsentieren. Eine andere Gruppierung nennt sich MGTOWs *(Men Going Their Own Way)* und vertritt die (nicht sehr nachhaltige) Ansicht, dass Männer sich generell von Frauen abspalten und keinerlei Beziehungen oder Ehen eingehen sollten. Wieder andere verstehen sich als Teil einer Männerrechtsbewegung, die sich für die Rechte von Männern, darunter beispielsweise Vätern in Sorgerechtsstreitigkeiten, einsetzt.

Dagegen wäre grundsätzlich nichts einzuwenden, wenn es nicht oft im Zusammenhang mit der Vertretung von »Männerrechten« zu Angriffen auf Feministinnen käme, die von verletzenden Online-Kommentaren bis hin zu Drohbriefen an die Privatadresse der Frauen rangieren, die sich öffentlich zu feministischen Themen äußern. Das an sich ist schon alles andere als harmlos, es gibt aber noch extremere Sympathisanten und »Idole«: Massenmörder wie Anders Breivik, der im Jahr 2011 in Norwegen 77 Menschen tötete, gehören zur Szene der Frauenhasser, ebenso ein Kanadier, der 2018 auf Facebook postete, dass die »Incel-Rebellion« begonnen habe, bevor er zehn Menschen tötete, indem er mit seinem Auto in eine Menschenmenge raste.

Es handelt sich also nicht nur um ein merkwürdiges Internetphänomen, dem nicht zu viel Bedeutung beizumessen ist, sondern hat Konsequenzen in der realen Welt, in der Gewalt gegen Frauen bis hin zu Femiziden erschreckenderweise immer noch an der Tagesordnung ist. Und das gilt auch in Deutschland, wo laut einer Statistik des Bundeskriminalamts aus dem Jahr 2021 fast jeden dritten Tag eine Frau durch die Hand ihres Partners oder Ex-Partners stirbt. Dass gerade sehr junge Männer von Vorbildern aus der Mannosphäre beeinflusst werden, ist überaus problematisch und muss gesellschaftlich, in der Schule und zu Hause, in den Blickpunkt geraten. Junge Männer brauchen Vorbilder, die ihnen aufzeigen, was einen guten Mann ausmacht, aber das sind nicht die Helden der Mannosphäre.

2.2.2 Stoizismus und die Mannosphäre

Was hat diese menschenverachtende Ideologie nun mit Stoizismus zu tun? Es finden sich in diversen Online-Foren und -Videos wiederkehrende Bezüge auf die Philosophie. Auf TikTok und YouTube Shorts lassen sich massenweise kurze Zitate von stoischen Philosophen finden. Stoizismus gefällt den Anhängern der Mannosphäre als eine Art »Kriegerphilosophie«. Die Selbstverbesserung, die in der Philosophie stattfindet, interpretieren sie als das Aufbauen von Widerstandskraft und Härte und benutzen sie als Hilfsmittel, um sich gegen äußere Einflüsse zu wappnen.

Dabei verkennen sie allerdings, dass der Aufbau von Resilienz nur eine Seite der Philosophie ist. Den Anspruch der Tugend der Gerechtigkeit, andere fair zu behandeln und mit anderen Menschen in guter Gemeinschaft zu leben, gleich welchen Geschlechts sie sind, diesen Teil ignorieren sie. Dass die Philosophie den Schwerpunkt auf Tugend (im Sinne von gutem Charakter) und Vernunft legt, spricht die Mannosphäre-Anhänger ebenfalls an, denn sie interpretieren beides in ihrem Sinne: als typisch männliche Eigenschaften, während Frauen als emotional und unkontrolliert gesehen werden.

Einige Stellen aus den antiken Texten spielen ihnen dabei mit ihrem Ansinnen, die Philosophie als frauenfeindlich auszulegen, in die Hände, denn im Rom der Antike wurden Frauen tatsächlich als schwach und Männern sowohl geistig als auch körperlich unterlegen betrachtet. Als Sklavin war man sowieso rechtlos. Die Rolle der frei geborenen Frau war damals auf die der Herrin des Hauses und Mutter begrenzt. So waren sie nur eingeschränkt geschäftsfähig (konnten also nicht frei über Geld verfügen) und hatten kein Wahlrecht. An verschiedenen Stellen in den antiken Texten werden Frauen als Menschen mit geringerer Selbstkontrolle und schwächerem Charakter bezeichnet. Mark Aurel benutzt »weibisch« in den *Selbstbetrachtungen* an einer Stelle für die Beschreibung eines schlechten Charakters. Männlichkeit wurde, so fasst es die klassische Philologin Donna Zuckerberg in ihrem 2016 erschienenen Buch *Not All Dead White Men* zusammen, in der römischen Antike als inhärent positiver Charakterzug verstanden, während Weiblichkeit dies nicht war.

Und doch spricht sehr vieles dafür, dass dieses Verständnis zeit- und kontextbezogen ist und nicht der Philosophie an sich innewohnt. Damals herrschte eine andere gesellschaftliche Grundeinstellung, und diese zeigt sich dann auch in der benutzten Sprache. Wie schnell sich das, was sprachlich angemessen ist, wandelt, sehen wir heute sehr deutlich, wo viele Begriffe, die noch vor wenigen Jahrzehnten gängig waren, (zu Recht) nicht mehr benutzt werden. Auch halten die Stoiker in vielen Textstellen ausdrücklich fest, dass Frauen ganz genauso wie Männer zur Tugend fähig sind. Sie haben dieselbe Anlage, einen guten Charakter zu entwickeln, und die Fähigkeit, eine Weise zu werden (auch wenn das, wie ich später noch beschreiben werde, für uns alle, rein statistisch, äußerst unwahrscheinlich ist). Der römische Stoiker Musonius Rufus hielt, für die damalige Zeit äußerst fortschrittlich, fest, dass Töchter dieselbe philosophische Ausbildung wie Söhne erhalten sollen.

Die Weltsicht der Stoiker gebietet, dass alle Menschen gleich sind, egal was ihr Geschlecht, ihre Herkunft, sexuelle Identität etc. sein mag. Entscheidend ist nicht, ob jemand gesellschaftlich als Mann oder Frau gesehen wird, sondern wie sich diese Person in ihren verschiedenen Rollen in der Gesellschaft verhält. Diese grundlegende Haltung muss komplett verleugnet und verdreht werden, wenn man versucht, Stoizismus für frauenfeindliche Zwecke zu benutzen. Trotzdem wollte ich darauf hinweisen, dass es Menschen gibt, die die Philosophie derart missdeuten. Falls du so jemandem in Zukunft begegnest, hast du meine *Red Pill* ja bereits genommen und kennst die Realität.

Kurz gesagt

- Es geht bei der stoischen Philosophie darum, positive Gefühle wie Dankbarkeit und Wohlwollen zu kultivieren und das Auftreten negativer Gefühle zu verringern.
- Stoizismus hat nichts mit Gefühlskälte oder dem Wegdrücken von Emotionen zu tun.
- Wenn sich frauenfeindliche oder andere extremistische Gruppierungen auf die stoische Philosophie beziehen, dann basiert das auf einem falschen bis nicht vorhandenen Verständnis der Philosophie.
- Im gesellschaftlichen Kontext der Antike waren Frauen Männern gesellschaftlich untergeordnet, woraus sich der Frauen gegenüber stellenweise herablassende Tonfall der stoischen Denker erklärt. Die Philosophie selbst allerdings ist für alle Geschlechter gleichermaßen anwendbar und basiert auf dem Gedanken, dass alle Menschen gleich viel wert sind und die gleiche Fähigkeit zur Entwicklung eines guten Charakters besitzen. Die Stoiker waren der Ansicht, dass Frauen genauso wie Männer die Fähigkeit zur Entwicklung eines exzellenten Charakters haben.

Kapitel 3

Grundlagen des Stoizismus

Im Folgenden möchte ich auf die wichtigsten Prinzipien des Stoizismus eingehen. In diesem Kapitel geht es zunächst um die Bedeutung des Charakters und inwiefern es als erstrebenswert gilt, ein im Sinne des Stoizismus tugendhaftes Leben zu führen.

3.1 Der Charakter

Um Antworten auf die Frage, was ein gutes Leben ausmacht, was uns dauerhaft glücklich und erfüllt fühlen lässt, ringt die Menschheit schon seit Jahrtausenden. Die Stoiker hatten eine sehr klare Vorstellung die Frage betreffend, was uns Glück und Zufriedenheit bringt: Wichtig war ausschließlich, einen guten Charakter zu haben. Dafür war es erforderlich, jeden Tag und in kleinen Schritten ein besserer Mensch zu werden. Und mit »besser« meinten sie nicht das, was heute alles unter dem Stichwort »Selbstoptimierung« betrieben wird: Es ging ihnen nicht darum, ein attraktiverer Mensch zu sein, mit definierten Muskeln und optimiertem Essverhalten (wobei es bei den Stoikern auch Tipps zur Ernährung gab, siehe Kapitel 10.5.,

Stoischer Minimalismus). Sie meinten auch keinen wohlhabenderen Menschen im Besitz von zahllosen Statussymbolen oder einen, der auf der Karriereleiter steil nach oben klettert.

Die Art von Selbstverbesserung, die die Stoiker meinten, war nicht nur Selbstzweck, sondern diente auch, wenn nicht in allererster Linie, dazu, ein besseres Mitglied der Gemeinschaft zu sein. Ziel war es, konsequent an sich zu arbeiten, um sich moralisch zu bessern und einen exzellenten Charakter *(arete)* zu entwickeln. Ziel war es, die beste Version seines Selbst zu erreichen. Die Stoiker unterschieden sich von anderen Schulen der Antike dabei dadurch, dass für sie das einzig wirklich Wichtige im Leben die innere Einstellung und der sich dadurch nach außen manifestierende Charakter war. Allein dadurch ließ sich ein gutes Leben erreichen. Man brauchte kein großartiges Aussehen, kein gesellschaftlich hohes Ansehen oder einen großen Freundeskreis. Keinen beruflichen Erfolg, noch nicht einmal Gesundheit. Dadurch waren (und sind) alle Menschen gleichermaßen dazu in der Lage, ihr Glück und ein gutes Leben zu finden – dieser gleichstellende Ansatz hat mir von Anfang an gefallen.

Äußere Faktoren wie Vermögen, gutes Aussehen oder Beliebtheit waren für die Stoiker für das Führen eines guten Lebens also nicht ausschlaggebend. Solche äußeren Umstände werden heutzutage etwas sperrig auf Englisch als *preferred indifferents*, also »zu bevorzugende gleichgültige Dinge« bezeichnet. Unter diesen Dingen verstanden die Stoiker, was heute unter *nice to haves* laufen würde – angenehm zu besitzen, ja, aber nicht essenziell für das gute Leben. Ebenso konnten schlechte äußere Umstände *(»dispreferred indifferents«)*, sei es Krankheit, Armut oder Gefangenschaft, den Weg zum guten Leben auch nicht verbauen. Selbst unter diesen Umständen war es möglich, ein gutes Leben zu führen. Worauf es ankam, waren die täglichen Entscheidungen und Taten – was man aus dem machte, was das Schicksal einem zugeteilt hatte.

3.1.1 Arete – allzeit vortreffliches Verhalten

Arete, der Begriff für einen exzellenten Charakter, beschreibt einen Zustand von Wissen. Wissen, was moralisch richtig und was falsch ist, wissen, wie die Welt funktioniert und wie wir als rationale und soziale Wesen darin am besten agieren. Die vier Grundtugenden (praktische) »Weisheit«, »Mut«, »Gerechtigkeit« und »Mäßigung« dienen bei der Ausrichtung des Lebens und der Arbeit am Charakter als Leitlinien und sind für Stoiker das einzig wirklich Gute.

»Tugend« klingt zunächst etwas befremdlich, eingemottet und nach antiquierten Moralvorstellungen. Das Wort leitet sich ursprünglich von »etwas taugen« ab, also etwas, das einer Sache dient oder nützlich ist. Ab dem Mittelalter kam dann eine moralische Dimension dazu: Die christliche Vorstellung von Sittlichkeit umfasste gerade für Frauen Keuschheit. Das ist aber nicht die Bedeutung, die die Stoiker meinten. Die Tugenden »Mut«, »Weisheit«, »Gerechtigkeit« und »Mäßigung« sind Eigenschaften, die man an sich verstärken möchte, die das eigene Handeln leiten sollen. Dabei greifen die Tugenden ineinander, es gibt eine nicht ohne die andere. Man kann zum Beispiel nicht wahrhaft mutig sein und dabei aber das rechte Maß aus den Augen verlieren. Oder weise handeln, ohne dabei Erwägungen der Gerechtigkeit miteinzubeziehen.

Arete heißt Exzellenz oder Vortrefflichkeit, und das betrifft das Individuum in seiner besonderen Eigenart. Es ist nicht nur die Eigenart von Menschen gemeint, sondern auch die von Tieren oder Dingen. Es kann also ein Messer exzellent sein, das besonders gut schneidet, oder ein Pferd, das besonders schnell ist. Und was macht einen vortrefflichen Menschen aus? Bei einem Menschen lautet die Grundannahme der Stoiker, dass wir soziale und rationale Wesen sind. Exzellent sind wir also, wenn wir darin brillieren, vernunftgeleitete Wesen im sozialen Verbund zu sein. Und dabei kommt es auf dich als Person an: Was zeichnet dich aus, welche Fähigkeiten kannst du einbringen? Hast du die Begabung zum Unterrichten anderer oder ein angeborenes Verständnis für das Finanzsystem? Bist du vielleicht künstlerisch besonders begabt oder sehr sportlich? Jede Person kann ihr Leben auf eine exzellente Art führen.

Vortrefflich verhalten kann man sich in jeder noch so alltäglichen Handlung: auch beim Müllrausbringen oder beim Windelnwechseln. Denn in diesem Moment erfüllt man seine Funktion, und gut macht man es, wenn man eine positive innere Haltung der Aufgabe gegenüber hat. Weil es nun mal der Job ist und man diesen Job gut macht und es egal ist, was andere davon halten, denn eine externe Bewertung kann keine Aussage über die handelnde Person und ihren Wert treffen. Kaiser Mark Aurel beschreibt dies an einer Stelle in seinem philosophischen Tagebuch, den *Selbstbetrachtungen*: »Wie Gold oder Smaragde, die sich selbst sagen: Ganz egal, was andere sagen oder tun, meine Aufgabe ist es, Smaragd zu sein und meine Farbe zu behalten.«

Und wenn keiner die Mühen sieht oder lobt? Mark Aurel fragt in dem Fall: »Ist ein Smaragd plötzlich fehlerhaft, weil niemand ihn bewundert?« Relevant wird das in der Sorgearbeit, in der es wenig Anerkennung von außen und keine finanziellen Belohnungssysteme wie Beförderungen oder Boni gibt (dafür aber jede Menge klebrige Umarmungen). Fühle ich mich jedes Mal wie ein funkelnder Smaragd, wenn ich Bettwäsche meiner Kinder im Auge des Magen-Darm-Hurrikans abziehe? Nach einem in die Toilette gefallenen

Spielzeug angele? Es wäre stark übertrieben, das zu behaupten. Aber es hilft mir, mir zu vergegenwärtigen, dass das meine Aufgabe ist und sinnvoll und ich die beste Arbeit abliefere, die ich kann. Nicht jede Alltagstätigkeit ist eben glamourös, nicht jede berufliche Tätigkeit strahlend und inspirierend. Das heißt aber nicht, dass sie nicht sinnstiftend sein kann und dass man nicht stolz darauf sein darf, wenn man sich Mühe gibt, sie bestmöglich zu erfüllen.

3.2 Das Rollensystem

Was ich hier beschreibe, hat viel mit dem Rollensystem der stoischen Lehre zu tun. Die Stoiker vergleichen unsere Leben damit, dass wir alle Schauspieler in einem großen Schauspiel sind, in dem wir unsere Rollen entweder gut spielen können – oder eben nicht. Wir alle haben nach Ansicht der Stoiker verschiedene soziale Rollen in unserem Leben inne, die sich ergänzen, aber teilweise miteinander in Konflikt geraten und dann in Einklang zu bringen sind. Einige dieser Rollen ändern sich im Laufe des Lebens. Manche dieser Rollen haben wir uns selbst ausgesucht, bei anderen hatten wir keine Wahl. Und innerhalb unserer Rollen haben wir bestimmte Aufgaben und Pflichten, die wir erfüllen müssen.

Unsere erste Rolle ist die eines Menschen. Diese Rolle haben wir alle gemeinsam. Was beinhaltet diese Rolle? Sie bedeutet eine Verpflichtung, sich so zu verhalten, dass man den anderen Menschen (der ganzen *Kosmopolis*, wie es die Stoiker nennen, also der Weltgemeinschaft) nicht schadet, sondern nützt.

Die zweite Rolle ist die, die dich als Individuum ausmacht, dein spezieller Charakter und Körper. Du hast bestimmte Begabungen und Talente, einige Dinge fliegen dir zu, während andere für dich schwieriger sind als für andere Menschen.

Dann gibt es Rollen, die Ergebnis der Umstände deiner Situation sind: Du bist zum Beispiel eine deutsche Staatsangehörige oder eine Tochter von XY. Auf diese Umstände hast du keinen Einfluss, genauso wenig wie, ob sich dein Land plötzlich in einem Krieg befindet und sich daraufhin dein ganzes Leben ändert oder ob du ein Kind mit besonderen Bedürfnissen bekommst. Deine Rolle ist also auch situationsbedingt.

Die letzte Kategorie sind die Rollen, die du dir selbst aussuchst: Du bist beispielsweise in einer Beziehung mit einer Person, bist eine Freundin, arbeitest in einem bestimmten Bereich, bist in eine Großstadt in einen gewissen Stadtteil gezogen etc. Gerade diese freiwilligen Rollen sollten wir mit vollem Einsatz ausfüllen. »Aber wie finde ich denn eine Rolle, die wirklich zu mir passt?«, fragte mich beim Lesen des Manuskripts meine Freundin. Die beste Rolle spielt, wer seine Talente und Charaktereigenschaften voll einbringen kann bei dem, was er oder sie tut. Zu einem gewissen Grad können wir uns Wissen oder Fähigkeiten natürlich auch aneignen. Bei mir aber war zum Beispiel schon in jungen Jahren klar, dass ich nie an einem Grand Slam Turnier teilnehmen werde, da ich absolut unbegabt bei jeglichem Ballsport bin, eine unglückliche Mischung aus »Angst vor dem Ball« und schlechter Auge-Hand-Koordination.

3.2.1 Das Zusammenspiel der Rollen

Unsere unterschiedlichen Rollen können und werden in unseren Leben miteinander in Konflikt treten. Dann gilt es, mithilfe der bereits erwähnten Tugenden zu entscheiden, welcher Rolle in der konkreten Situation der Vortritt zu lassen ist. Sagen wir zum Beispiel, deine Chefin bittet dich, sie außerhalb deiner Arbeitszeit bei einer Veranstaltung zu vertreten, aber du bist eigentlich bei deiner Freundin als Umzugshilfe eingeplant. Dann kollidiert deine Rolle als Arbeiterin mit der Rolle der Freundin. Eine der beiden muss zurückstehen.

Oder dieser Konflikt hier: Ich habe mich vor einigen Jahren entschieden, vegetarisch zu leben. Dafür gibt es, wie allgemein bekannt ist, viele gute Gründe. In meiner konkreten Rolle bin ich, da ich in einem Industrieland lebe, in der privilegierten Situation, unbegrenzten Zugriff auf Lebensmittel (und, falls nötig, Nahrungsergänzungsmittel) zu haben, und deswegen in der Lage, auf Fleischkonsum zu verzichten. Seit ein paar Monaten esse ich allerdings wieder Fleisch, vor allem das »böse« rote Rindfleisch mit seiner nachteiligen Ökobilanz. Was war passiert? Ich war wieder schwanger, habe also die Rolle einer Mutter ein weiteres Mal eingenommen. Um mein Baby und meinen Körper besser mit Eisen zu versorgen (tierisches Eisen ist leider das am besten vom Körper absorbierbare Eisen), habe ich mich entschieden, für die Dauer der Schwangerschaft und eventuell einige Monate der Stillzeit wieder Fleisch zu konsumieren.

Solche Entscheidungen musst du als Stoikerin selbst treffen, das kann dir niemand abnehmen. Denn es geht immer um die individuelle und konkrete Situation. Es gibt keinen abstrakten Regelkatalog, an den man sich halten kann. Keine ultimativen Ge- oder Verbote. Du musst nicht grundsätzlich vegan leben oder fünfmal in der Woche Sport machen. Du wirst herausgefordert, für dich zu überlegen, was richtig erscheint. Du bist in der Verantwortung, als vernunftbegabtes Wesen die richtigen Entscheidungen zu treffen.

Was ist in der konkreten Situation klug? Was gerecht und mutig? Dabei handelst du auf Basis des Kenntnisstands, über den du heute verfügst, denn was gestern richtig erschien, kann morgen schon eine andere Bewertung zulassen. Wenn du dich dann für eine Rolle entschieden hast, dann brauchst du auch kein schlechtes Gewissen mehr zu haben oder Zweifel. Du konzentrierst dich auf das Jetzt und Hier und akzeptierst, dass man nicht alles gleichzeitig haben kann.

3.2.2 Die Wahl der Rollen

An uns werden viele und unterschiedliche, teilweise sich widersprechende Rollenerwartungen von außen herangetragen. Es ist belastend, den Druck zu verspüren, eine bestimmte Rolle zu spielen, aber tief in sich zu wissen, dass man diese Person einfach nicht ist. Es kann auch belastend zu sein, verschiedene Rollen perfekt ausfüllen zu wollen und an den eigenen und fremden Erwartungen zu scheitern.

Aus stoischer Perspektive haben wir nur eine Rolle wirklich gut auszufüllen, und das ist die des Menschen, der wir nun mal sind. Mit all unseren Stärken und Schwächen. Dafür muss man sich mit sich selbst auseinandersetzen und herausfinden, was man wirklich will und ob man realistisch dafür geeignet ist.

Epiktet warnt uns davor, eine Rolle anzunehmen, die nicht zu uns passt. Er mahnt, sich im Einzelnen vor Augen zu halten, was diese Rolle für Voraussetzungen mit sich bringt. Wer zum Beispiel Karriere in einem großen Konzern machen möchte, muss sich im Klaren darüber sein, was die Schattenseiten einer Corporate-Karriere sind, und sich fragen: »Wie stressresilient bin ich? Wie viel freie Zeit brauche ich, wie viel Zeit möchte ich für mich selbst haben? Habe ich die Ellenbogen, mich in entscheidenden Momenten durchzusetzen?« Wer die Möglichkeit hat, keiner vergüteten Tätigkeit nachzugehen, sondern Sorgearbeit zu Hause leisten kann und möchte, sollte sich prüfen: »Wie viel Bestätigung von außen brauche ich? Wie viel Kontakt zu Menschen in meinem Alter? Bin ich geduldig, kann ich meine eigenen Bedürfnisse soweit erforderlich hinter denen eines kleinen oder kranken Menschen zurückstellen?«

Was aber, wenn ich eine Rolle habe und die dazugehörigen Pflichten erfülle, aber die andere Seite behandelt mich nicht gut? Müssen wir dann immer weiterstrampeln und uns schlecht behandeln lassen, weil wir aus der Rolle nicht herauskommen? Ich deute die stoische Reaktion auf ein solches zwischenmenschliches Verhältnis nicht so, dass man sich wie ein Fußabtreter behandeln lassen sollte. Vielmehr sollte man ein gewisses Grundmaß an Pflichten erfüllen und alles, was darüber hinausgeht, weglassen und seine Energie besser dort einsetzen, wo sie effektiver wirkt.

Soweit wir also die Wahl zwischen bestimmten Rollen haben, sollten wir uns gut überlegen, ob diese Rolle auch individuell gut zu uns passt oder ob wir nur die Erwartungen anderer an uns erfüllen wollen. In diesem Fall werden wir unsere Rolle nämlich nicht gut ausfüllen und im Endeffekt selbst die Leidtragenden sein. Andersherum betrachtet werden wir, wenn wir eine Rolle gefunden haben, die gut zu uns passt und in der unsere Begabungen zum Tragen kommen, zu unserem wahren Potenzial aufblühen und Zufriedenheit und anhaltendes Glück erleben können.

Und es wird auch immer wieder Tage geben, an denen uns die Rolle, in der wir entweder freiwillig oder unfreiwillig gelandet sind, nicht passt, an denen sie sich falsch anfühlt, zu groß oder belastend oder frustrierend. Tage, an denen wir die innere Stärke nicht fühlen, die wir haben, um diese Rolle angemessen auszufüllen. So geht es uns allen. An manchen Tag hilft nur: »Augen zu und durch, morgen ist ein besserer Tag.« Wenn sich solche Tage allerdings schier endlos aneinanderreihen, ist es vielleicht Zeit, sich zu fragen: »Ist das hier wirklich meine Rolle? Gibt mir diese Rolle Sinn, kann ich damit ein gutes Leben führen? Und (soweit es möglich ist, aus manchen Rollen gibt es kaum ein Entkommen): An welchen Stellschrauben kann ich aktiv drehen, um eine Rolle einzunehmen, die besser zu mir passt?«

Innerhalb unserer vorgegebenen und selbst gewählten Rollen treffen wir jeden Tag Entscheidungen. Wir entscheiden uns, Dinge zu tun oder zu lassen und Menschen auf eine gewisse Art zu behandeln. Alle diese kleinen Entscheidungen aneinandergereiht ergeben wie zusammengesetzte Mosaikstückchen unseren Charakter, bilden ab, wer wir wirklich sind. Ohne ein bestimmtes Label. Du wirst, was du täglich tust. Du formst dich. Dein einzigartiges, wunderbares Selbst.

3.3 Die menschliche Natur

Ein weiteres wichtiges Grundkonzept, wenn nicht *das* Grundkonzept der Stoiker, schließt sich nahtlos an: Wir sollen im Einklang mit der Natur leben. Wenn das jetzt für dich klingt, als ob man in Selbstgestricktem im Wald leben sollte, dann kann ich dich beruhigen: Das ist damit nicht gemeint. Nein, wir sollen im Einklang mit der menschlichen Natur leben. Mit unserer eigenen Natur. Brillieren in dem, was wir sind. Den Menschen machen dabei nach Ansicht der Stoiker zwei Komponenten aus, nämlich dass er sozial und rational ist.

3.3.1 Der soziale Mensch

Schauen wir uns zuerst die soziale Komponente an. Die Prämisse ist, dass wir zwischenmenschliche Beziehungen für ein gelungenes, erfülltes Leben brauchen. Die antiken Stoiker waren davon überzeugt, dass wir dafür gemacht worden sind, Teil einer Gemeinschaft zu sein. Sie verglichen uns Menschen dabei gerne mit Bienen in einem Bienenstock. Die Biene, so schreibt beispielsweise Musonius Rufus, sei auch nicht dafür gemacht, allein zu leben, sie richtet ihre Kräfte komplett auf eine gemeinsame Aufgabe mit ihren Artgenossen aus und stirbt, wenn sie allein ist. Wir haben eine in uns verwurzelte Neigung, uns um andere zu kümmern und für sie da zu sein, ohne dass es uns selbst einen Vorteil bringt. Altruismus also.

Der Gegensatz zwischen Egoismus und Altruismus löst sich im Stoizismus geschickt auf und entpuppt sich als ein bloßer Scheingegensatz: Wenn wir an andere denken und ihnen Gutes tun, tun wir uns selbst etwas Gutes, da wir ja alle als Gemeinschaft zueinander gehören und aufeinander angewiesen sind wie ein Körper mit vielen unterschiedlichen Gliedern.

Die Bereitschaft, auf andere zuzugehen und sie zu unterstützen, geht im Stoizismus sehr weit: Sogar undankbaren, unfreundlichen und moralisch schlechten Menschen sollen wir mit Nachsicht begegnen und versuchen, ihnen zu helfen. Wie anstrengend! Doch diesem Denken liegt das positive Menschenbild der Stoiker zugrunde: Andere Menschen sind demnach nicht böse und schlecht, sondern ihnen fehlt vielmehr die Einsicht über ihre Fehler. Die Haltung geht auf den Urvater der Philosophie, Sokrates, zurück. Die Stoiker verehrten Sokrates und nahmen ihn sich als Vorbild. Sokrates war der Auffassung, dass kein Mensch absichtlich Böses tut, sondern nur, weil er nicht weiß, was das Richtige ist. Die, die sich schlecht verhalten, glauben (fälschlich), das aus ihrer Sicht Beste zu tun.

Dass so ein Menschenbild im Alltag eine Herausforderung ist, versteht sich von selbst. Der letzte berühmte Stoiker, Kaiser Mark Aurel, nimmt sich in seinen *Selbstbetrachtungen* vor, jeden Tag wie folgt gedanklich anzugehen:

»Wenn du morgens aufwachst, sage zu dir selbst: Die Menschen, mit denen ich heute zu tun bekomme, werden übergriffig, undankbar, unverschämt, unehrlich, eifersüchtig und verdrießlich sein. Sie sind so, weil sie Gut und Böse nicht unterscheiden können. Ich aber habe die Schönheit des Guten gesehen und die Hässlichkeit des Bösen. Ich habe erkannt, dass jener, der Unrecht tut, keine andere Natur besitzt als ich selbst – er mag nicht vom selben Blute sein, vom selben Geschlecht, aber er hat denselben Geist. Auch in ihm lebt ein Funke des Göttlichen. Daher kann keiner dieser Menschen mich verletzen. Niemand kann mich in Hässliches hineinziehen. Daher kann ich auf meine Brüder keine Wut empfinden oder sie gar hassen. Wir sind geboren, um zusammenzuwirken wie ein Paar Füße, Hände oder Augen …«

Aus stoischer Sicht sind alle Menschen Teil eines großen Ganzen und miteinander unauflösbar verbunden. All unser Handeln sollte deswegen am Gemeinwohl orientiert sein.

Die *Selbstbetrachtungen*, aus denen ich gerade zitiert habe, sind die privaten Tagebuchaufzeichnungen des römischen Kaisers, bei denen er vermutlich nicht davon ausging, dass sie je veröffentlicht werden würden. Er schrieb sie, während er mit der römischen Armee im heutigen Österreich die Grenzen des Römischen Reiches verteidigte. Der Kaiser, der der Nachwelt auch als »Philosophenkaiser« bekannt ist, hält in den insgesamt sieben Büchern in knappen, nicht aufeinander Bezug nehmenden Paragrafen fest, was er gelernt hat, was seine Lebensphilosophie ausmacht. Sie stellen das letzte schriftliche Werk eines antiken Stoikers dar und haben seitdem viele berühmte (wie zum Beispiel Kaiser Friedrich II. oder Altbundeskanzler Helmut Schmidt) und weniger berühmte Menschen inspiriert.

Dass zwischenmenschliche Beziehungen Kern unseres Menschseins darstellen und unser Glücksempfinden und vor allem auch unsere Gesundheit als wichtigsten Faktor von allen beeinflussen, das bestätigt ganz aktuell auch die weltweit größte Studie aus der Glücksforschung. Robert Waldinger und Marc Schulz, die Leiter der Harvard-Studie, die sich über 80 Jahre und damit mehrere Generationen erstreckt, beschreiben in ihrem Buch *The Good Life ... und wie es gelingen kann*, wie unerlässlich zwischenmenschliche Beziehungen für unser Wohlbefinden sind. Und dabei geht es nicht nur um unsere familiären und freundschaftlichen Verbindungen, sondern um unser ganzes soziales Umfeld, um Nachbarn, Kollegen und Zufallsbekanntschaften.

Diese Beziehungen aufzubauen und zu kultivieren ist entscheidend für unsere psychische und physische Gesundheit bis ins hohe Alter. Die Autoren nennen diese Pflege von Beziehungen »soziale Fitness«, eine Art sozialen Muskel, den man trainieren muss, damit er stark wird und nicht verkümmert, wie die übrigen Muskeln auch. Jeden Tag hat man eine neue Chance, soziale Beziehungen zu intensivieren, durch den Griff zum Telefon und den Anruf bei der Großmutter und durch das kurze Gespräch mit dem Nachbarn, mit der WhatsApp zur Freundin auf der anderen Seite der Welt oder durch das kurze Gespräch mit der Postbotin. Damit wird man, so das Ergebnis der längsten Studie der Welt zum Thema »Glücklichsein«, nicht nur glücklicher, sondern hat auch eine geringere Wahrscheinlichkeit, frühzeitig zu sterben.[9]

Die längste Studie zum Thema Glück bestätigt also, was die Stoiker schon in der Antike annahmen: Wir sind sehr soziale Wesen, wir Menschen.

3.3.2 Der rationale Mensch

Und sind wir als Menschen rational? Wenn man sich die Diskussion über das Tragen von Masken während einer Pandemie anschaut oder sich die Kommentare unter manchen Online-Artikeln durchliest, mag es einem nicht so erscheinen. Und doch spricht einiges dafür, dass wir als Gattung zumindest die *Fähigkeit* zur Vernunft haben. Auch wenn die Annahme, dass wir als Menschen über allen anderen Tieren stehen, bekannt als Speziesismus, immer mehr in die Kritik gerät, scheinen wir als Menschen zumindest eine besondere Kategorie Tier zu sein. Wir haben grundsätzlich die Möglichkeit, uns über Instinkte und Triebe hinwegzusetzen, über Hunger, Lust oder Fluchtinstinkt. Wir können über uns und unsere Umwelt reflektieren, über unsere zwischenmenschlichen Beziehungen, unsere Wünsche und Ziele. Wir können sogar darüber nachdenken, was unser Bewusstsein wirklich ist und ob wir real existieren oder lediglich in einer Simulation leben. Ob wir diese Fähigkeit dann auch im Alltag einsetzen, das steht auf einem anderen Blatt. Die grundsätzliche Anlage zum rationalen Denken scheint vorhanden zu sein.

Rational leben heißt unseren Verstand einsetzen und unsere Eindrücke und Annahmen hinterfragen. Klar zu denken war für die Stoiker absolut essenziell. Da der Mensch mit der Fähigkeit zur Vernunft ausgestattet ist, ist es seine Aufgabe, diese einzusetzen und kontinuierlich auszubauen, um sein volles Potenzial als Mensch zu entfalten. Beim Versuch, kritisch und reflektiert zu denken, unterlaufen uns allerdings ständig logische Fehler. Darum war es für die Stoiker auch sehr wichtig, dass sich jeder Mensch, der Fortschritte machen will, neben Fragen der Ethik, also des moralisch richtigen Verhaltens, auch in Fragen der Logik weiterbildet. Zur Logik gehörte neben formaler Logik auch Rhetorik und Erkenntnistheorie, also die Frage, wie der Mensch zu Wissen gelangen kann.

Wir wissen heute aus der Hirnforschung, dass unser Denken bei Weitem nicht so frei und unabhängig ist, wie man annehmen könnte. Unser Denken ist gespickt mit fehlerhaften kognitiven Verzerrungen, den sogenannten *unconscious biases*. Einige dieser Verzerrungen sind uns geläufiger als andere. Die meisten Menschen wissen, dass wir andere Personen und Situationen in Schubladen einordnen. Das ist evolutionsbiologisch auch sinnvoll, weil unser Gehirn ansonsten damit überfordert wäre, ständig neue Einschätzungen vorzunehmen. Aber in weiterer Konsequenz stehen solche vereinfachten Einordnungen unserem klaren Denken im Weg und vernebeln unsere Analysen. Einer der bekanntesten ist der Bestätigungsfehler, auf Englisch *confirmation bias*: Wenn wir von einer Sache überzeugt sind, dann neigen wir dazu, nur solche Informationen zu suchen, die unsere eigene Einstellung bestätigen und solche, die nicht in das von uns gemachte Bild passen, außer Acht zu lassen und zu ignorieren. Der Horn-(bei negativ besetzten Eigenschaften) beziehungsweise Halo-(bei positiv besetzten Eigenschaften)Effekt ist Ursache für viele absurde Vorurteile – wie etwa die, dass ein Kevin weniger intelligent als ein Cornelius oder eine sehr attraktive Person eine fähigere Mitarbeiterin ist.

Es gibt allerdings auch subtilere Verzerrungen. Frauen begegnen häufig Stereotypen. Gerade im Arbeitsleben sind geschlechtsspezifische Vorurteile immer noch präsent. Eine Frau, die dominant auftritt, wird im Arbeitsleben beispielsweise schnell für rechthaberisch und zickig gehalten, wohingegen ein solcher Stil bei Männern eher als Durchsetzungsstärke verbucht wird. Dieser sogenannte *likeability bias* führt dann dazu, dass Frauen weniger schnell befördert werden, da sie sich mit ihrer »unweiblichen« Art unbeliebt gemacht haben. Ein anderes Phänomen nennt sich *motherhood penalty* und umschreibt die finanzielle Abstrafung von Mutterschaft: Die irrige Annahme ist, dass Frauen mit Familie in beruflicher Hinsicht weniger engagiert sind und weniger Einsatz erbringen als ihre männlichen Kollegen. Dadurch werden sie bei Einstellungen, Beförderungen und Gehältern schlechter behandelt.

Besonders schmerzhaft im doppelten Sinne machen sich Verzerrungen und Vorurteile im Gesundheitssektor bemerkbar. Laut Studien in den USA werden Schwarzen aufgrund von mit ihrer Hautfarbe/ethnischen Herkunft verbundenen Stereotypen im Durchschnitt weniger Schmerzmittel verschrieben als Weißen. Die Müttersterblichkeit von schwarzen Frauen ist 2,5-mal so hoch wie die unter Weißen, was unter anderem auch auf rassistische Vorurteile zurückgeführt wird (neben anderen Gründen wie einem schlechteren Zugang zu Gesundheitsversorgung). Und auch in Deutschland gibt es strukturellen Rassismus im Gesundheitssystem wie in vielen anderen Bereichen, von Wohnungsmarkt zum Online-Dating, der noch nicht statistisch erfasst worden ist.

Die Stoiker hatten damals keine Terminologie wie »kognitive Verzerrungen«. Und doch waren sie vielen unserer Denkfehler bereits auf der Spur. Zum Beispiel warnten sie davor, zu katastrophisieren: Wir haben in vielen alltäglichen Situationen die Tendenz, sofort vom Schlimmsten auszugehen, und überschätzen dabei komplett die Wahrscheinlichkeit, dass so ein Ereignis tatsächlich eintritt. Wenn unsere Verabredung eine halbe Stunde zu spät ist, ist ein Autounfall sehr viel unwahrscheinlicher als andere Gründe. Kopfschmerzen sind nur in sehr seltenen Fällen ein Gehirntumor, auch wenn unsere Google-Recherche uns etwas anderes nahelegt.

Es ist harte Arbeit, unsere Vorurteile zu erkennen und abzubauen. Tatsächlich ist es unmöglich, sich ihrer komplett zu entledigen, da sie eben Teil davon sind, wie unser Gehirn funktioniert. Der Wirtschaftsnobelpreisträger Daniel Kahneman beschäftigt sich hiermit sehr ausführlich und spannend in seinem im Jahr 2011 erschienenen Buch *Schnelles Denken, langsames Denken* (englischer Originaltitel: *Thinking, Fast and Slow*). In diesem Grundlagenwerk über kognitive Verzerrungen teilt er unsere Art zu Denken in zwei verschiedene Systeme ein, die er System 1 und System 2 nennt.

System 1 stellt den überwiegenden Teil unseres Denkens, unserer Entscheidungsprozesse dar. Es reagiert sehr schnell und instinktiv, ist aber fehleranfällig. System 1 ist beispielsweise dafür verantwortlich, dass wir ein angeekeltes Gesicht machen, wenn uns ein Bild von etwas Widerlichem gezeigt wird. Oder wenn wir von der Arbeit unseren Heimweg »wie auf Schienen« zurücklegen. Dort findet auch unser Schubladendenken statt, die Stereotypisierung. Wir sehen beispielsweise einen Menschen mit Sonnenbrand und Guinness-Bier am Strand auf Mallorca und denken »ein Brite!« – dabei könnte es sich auch um einen Österreicher handeln. System 2 hingegen ist langsamer, gründlicher und bewusster – und dadurch für uns anstrengender zu aktivieren und seltener in Aktion. System 2 wägt ab und kommt bei komplexeren Entscheidungen zum Einsatz. Wenn wir uns beispielsweise fragen, ob sich eine neue Anschaffung lohnt. Oder wie wir uns in eine winzige Parklücke quetschen sollen.

Erst wenn wir uns darüber bewusst sind, welche Denkfehler unser Gehirn so fabriziert, können wir auch bewusst dagegen angehen, weswegen es wichtig ist, viel über kognitive Verzerrungen zu lernen. Man kann sagen, dass du als Stoikerin daran arbeitest, mehr System 2 in deinen Alltag zu bringen, denn klares Denken ist in der stoischen Philosophie eine Grundlage für emotionale Stabilität. Als Stoikerin handelst du nicht nur deinen ersten Eingebungen entsprechend, sondern hinterfragst deine Eindrücke aktiv und handelst der rationalen menschlichen Natur nach, anstatt (über)emotional und instinktiv wie ein Tier zu reagieren. Du gehst nicht jeder Gefühlsregung oder jedem Bedürfnis unkritisch nach, sondern schaltest einen aktiven Denkprozess zwischen Impuls und Reaktion.

Natürlich gilt das nicht für alle Belange, das wäre unpraktisch und lebensfern, würde uns quasi im Alltag lahmlegen. Nein, es geht darum, weniger Denkfehler vorzunehmen, weniger falsche Schlüsse zu ziehen und dadurch größere Fehlentscheidungen zu vermeiden. Dieser Prozess soll mit ausreichend Übung automatisiert werden, sodass es dann auch nicht mehr so anstrengend ist. Auf meine Parkkünste hat es sich bislang leider noch nicht spürbar ausgewirkt.

3.4 Der Fokus auf das Wichtige

Doch damit ist noch lange nicht genug mit unseren Fehleinschätzungen. Wenn wir nicht gerade unbewussten Vorurteilen auf den Leim gehen, sind die Stoiker davon überzeugt, dass unser Hauptproblem im Leben darin besteht, dass wir den Wert, den verschiedene Dinge für uns haben, falsch einschätzen. Wir halten Dinge für wichtig und relevant, die es nicht sind. Was meinen sie damit? Sie meinen damit zweierlei, dass wir nämlich erstens zu viel Wert auf externe Dinge legen und zweitens generell Wert auf solche, die nicht in unserer Hand liegen.

3.4.1 Kein Fokus auf Indifferentes

Was hat in unserer Gesellschaft den meisten Wert? Wonach streben wir? Wann hat es jemand »geschafft«? Spontan kommen da Begriffe wie »Erfolg«, »Reichtum«, »Beliebtheit«, »ein guter Ruf« und »Einfluss« in den Sinn.

Diese externen Faktoren können jedoch auch schlecht einsetzt werden und damit zu Schaden führen. Nehmen wir zum Beispiel materiellen Reichtum, ein großes Vermögen. Reichtum kann in der Hand einer Tyrannin, die ihr Geld benutzt, um andere auszubeuten und zu unterdrücken, eine schlechte Sache sein. Er kann aber auch in den Händen einer Philanthropin, die das Geld für wohltätige Zwecke einsetzt, etwas Gutes darstellen. Wenn dich deine stählerne Gesundheit dazu bringt, unnachgiebig mit anderen umzugehen, die von Natur aus nicht so leistungsfähig sind wie du, dann ist Gesundheit nichts Gutes. Deine Krankheit kann dich aber auch sensibler für das Leid anderer machen und achtsamer mit deinem Leben und deinen Mitmenschen umgehen lassen. Du siehst, was ich meine.

Wie schon im Abschnitt über den Charakter beschrieben, sind solche externen Faktoren für die Stoiker nicht notwendig, um ein gutes Leben zu führen, um glücklich und erfüllt zu sein. Diese Dinge sind für sie moralisch neutral. Das Einzige, worauf es aus stoischer Perspektive ankommt, ist ein exzellenter Charakter, ein Leben mit Tugend, wie sie es nennen. Ob wir weise handeln, mutig, gerecht und mit dem rechten Maß. Die Tugend ist das einzig Gute, denn egal wie man sie einsetzt, sie kann nie zu einem schlechten Ergebnis führen.

»Okay, so weit, so gut«, sagst du wahrscheinlich, »aber heißt das etwa, ich soll überhaupt keinen Wert auf all diese externen Dinge legen?« Nein, das wäre weltfremd, und das haben die Stoiker auch so gesehen. Deswegen haben sie das Konzept von den *preferred* beziehungsweise *dispreferred indifferents* eingeführt. Alle diese Faktoren sind für Stoiker an sich *indifferent*, das heißt, sie tragen nichts zur Ausbildung eines exzellenten Charakters und damit zu einem gelungenen Leben bei. Einige davon sind jedoch, wie ich schon schrieb, *nice to have,* und können einen positiven Wert (*axia*) für uns haben: Wenn wir es uns aussuchen dürfen, sind wir selbstverständlich lieber gesund *(preferred)* als krank *(dispreferred)*. Wohnen lieber in einer schönen Wohnung als auf der Straße. Sehen lieber attraktiv als abstoßend aus. Haben lieber eine Familie, als allein zu sein. Diese Faktoren haben einen Wert *(axia)* und sind vorzugswürdig *(preferred)*. Wir dürfen sie erstreben und wir dürfen uns auch an ihnen erfreuen – auf der Grundlage von Tugend, ausgestattet mit dem Wissen, wie man sich richtig verhält in der Welt, und nicht überemotional und ständig irrend.

Dieses Wissen hilft dabei, die richtige Abwägung zwischen indifferenten Dingen vorzunehmen. Sagen wir zum Beispiel, du könntest einen großen Karriereschritt machen, müsstest dafür aber eine Kollegin hintergehen, ihre Idee stehlen, um dich besser zu positionieren. In dem Fall wüsstest du, dass das ein ungerechtes, moralisch falsches Verhalten wäre, und würdest »Kollegialität« höher einschätzen als »Karriere«. Wenn du also den Karriereschritt nicht machst, musst du das akzeptieren und genauso glücklich ohne ihn weiterleben. Denn wenn der Preis deine Seelenruhe wäre, dann ist er zu hoch.

Ich wiederhole es noch einmal, weil es essenziell für das Denken der Stoiker ist: In allererster Linie dürfen wir nicht vergessen, dass all diese Dinge nicht wirklich wichtig sind, sondern dass das einzig Wichtige ein guter Charakter ist. Externe Faktoren sind für unsere innere Zufriedenheit nicht maßgeblich. Dazu gehört auch, was andere Menschen über uns denken. Sich davon zu lösen ist eine Herausforderung, ich gebe es zu. Aber man kann darin besser werden, indem man sich immer wieder vor Augen hält, dass nur unser Charakter wichtig ist und, und das ist ganz wesentlich, dass dieser in unserer eigenen Hand liegt.

3.4.2 Kein Fokus auf Unkontrollierbares

Die zweite große Quelle an Unfrieden für unsere Seele liegt darin, dass wir uns ständig gedanklich mit Themen und Dingen beschäftigen, die nicht in unserer Einflusssphäre liegen. Die Folge ist hausgemachtes Elend. So wird, wie ich lernen musste, das Wetter im Urlaub nicht dadurch besser, dass ich mich die zwei Wochen vor der Abreise stündlich mit der Wettervorhersage-App beschäftige und mich darüber gräme, dass mein Sommerurlaub buchstäblich ins Wasser fallen wird. Nur weil ich mir Gedanken darüber mache, wie nachhaltig schrecklich mein Kommentar beim Small Talk angekommen sein muss, wird keine Meinung über mich im Nachhinein positiv beeinflusst. Und dadurch, dass ich wütend über den schon wieder verspäteten Pendlerzug werde, komme ich nicht nur nicht schneller nach Hause, nein, ich verderbe mir auch noch die Wartezeit. Eine Zeit, in der ich meinen Lieblingspodcast hätte hören, meiner Freundin endlich auf ihre Nachrichten antworten oder einfach mal nichts tun können, außer atmen und über meinen bisherigen Tag reflektieren oder mich auf das, was noch kommen wird, vorbereiten.

Die einzigen Dinge, die aus Sicht der Stoiker schlecht sind, sind solche, die den Charakter schädigen. Schlechtes Wetter, ein missglückter Smalltalk und die unzuverlässige Deutsche Bahn fallen nicht in diese Kategorie. Was hingegen voll in unserer Einflusssphäre liegt, ist, wie wir auf die Dinge reagieren, die uns zustoßen. Was unsere Ziele im Leben sind, worauf wir Wert legen, wie wir mit unseren Mitmenschen umgehen. Wie diese dann wiederum auf uns reagieren, liegt nicht in unserer Hand. Das gibt uns wahre Freiheit, und wer sich frei fühlt, fühlt sich nicht mehr ohnmächtig Einflüssen von außen ausgesetzt.

3.5 Das Ziel

Der Stoizismus ist eine fordernde Philosophie, da gibt es nichts zu beschönigen. Aber sie belohnt einen auch reichlich. Das Endziel, auf das du als Stoikerin hinarbeitest, heißt *eudaimonia.* Übersetzt aus dem Altgriechischen heißt das »einen guten Dämon haben«. »Dämon« ist hier nicht im Sinne von gruselig-besessen gemeint, sondern als eine Art guter Geist oder auch als gutes Gewissen. *Eudaimonia* steht für Glück oder Glückseligkeit oder auch weiter gefasst dafür, ein gelungenes Leben zu führen. Auf Englisch ist die Rede von *to flourish,* also gedeihen oder aufblühen. Einen guten Flow haben. Im Gegensatz zum hedonistischen Ansatz geht es nicht um Spaß im flüchtigen Augenblick, sondern um einen tiefen Sinn von Zufriedenheit, um Bedeutung im Leben.

Ein wichtiger Bestandteil eines gelungenen Lebens ist für die Stoiker das Freisein von Leidenschaften, *apatheia* genannt. Leidenschaften sind dabei recht wörtlich zu verstehen als solche Emotionen, die Leiden schaffen, was wir also als negative, unangenehme Emotionen bezeichnen. Gefühle wie Hass, Angst, Zorn oder Neid.

Um dieses gelungene Leben zu erreichen, müssen wir gewillt sein, an uns und unseren Einstellungen zu arbeiten und mehr über uns und die Welt zu lernen. Und zwar dauerhaft, jeden Tag. Es wird Tage geben, an denen es nicht gut läuft, an denen wir Fehler machen, an denen wir uns nicht so verhalten, wie unsere beste Version von uns ist. Aber das ist Teil des Weges, auf dem man nicht immer nur nach vorne geht, sondern auch mal einen Schritt zurück oder eine Zeit lang nur auf der Stelle tritt. Das ist nicht wichtig, solange man das größere Ziel nicht aus den Augen verliert. Wenn wir bewusst mit unseren Gefühlen umgehen, sie zulassen, ihre Signale deuten und sie reflektieren, werden wir ruhiger und gelassener. Nicht etwa kalt und gefühllos, im Gegenteil: fröhlich und dankbar für das, was wir haben. Uns unserer Rollen bewusst und unserer Funktion als kleines Teilchen in einem großen, wunderbaren Ganzen.

Stoizismus wird nicht sämtliche Hindernisse und Härten aus deinem Leben entfernen, aber er wird dir helfen, anders über Schwierigkeiten nachzudenken und sie anders anzunehmen.

Kurz gesagt

- Im Stoizismus arbeitest du daraufhin, dich moralisch zu bessern und einen exzellenten Charakter *(arete)* zu entwickeln. Das Ziel ist, die beste Version seines Selbst zu erreichen.
- Jede von uns erfüllt verschiedene soziale Rollen in ihrem Leben. Wir sind Tochter, Freundin, Partnerin, evtl. Mutter, Schwester, Kollegin usw. Unsere Aufgaben und Pflichten innerhalb dieser Rollen definieren unser Tun und wir müssen weise entscheiden, welcher Rolle wir wann den Vorzug geben.
- Die Qualität unserer zwischenmenschlichen Beziehungen hat großen Einfluss auf unser Lebensglück. Wenn wir uns in unserer Gemeinschaft einbringen und anderen Menschen helfen, helfen wir gleichzeitig uns selbst, da wir alle miteinander in einem großen Ganzen verbunden sind.
- Wir müssen daran arbeiten, klarer zu denken. Wenn wir unsere Vernunft einsetzen, unseren Verstand schärfen und immer weiter lernen, begehen wir weniger Denkfehler und unterliegen weniger falschen Annahmen über die Welt. Denkfehler und Fehlannahmen sind zu vermeiden, da sie uns unglücklich machen und zu Ungerechtigkeiten in unserem Miteinander führen.
- Das einzig Wichtige ist es, einen vortrefflichen Charakter zu entwickeln und richtig zu handeln. Externe Dinge wie Reichtum, Ansehen oder Schönheit sind für ein gutes Leben nicht nötig.
- *Eudaimonia* (Gedeihen, ein gutes Leben leben) zu erreichen ist das Ziel im Stoizismus. Dabei ist der Weg das Ziel, es geht darum, jeden Tag den Versuch zu unternehmen, ein wenig besser zu werden.

KAPITEL 4

DIE DICHOTOMIE DER KONTROLLE

»Von allen Dingen stehen die einen in unserer Macht, die anderen nicht. In unserer Macht stehen Annahme, Antrieb zum Handeln, Begehren, Meiden, und mit einem Wort alles, was unser Werk ist. Nicht in unserer Macht stehen Leib, Besitz, Ansehen, Stellung, kurz alles, was nicht unser Werk ist. Was in unserer Macht steht, ist von Natur aus frei, kann nicht verwehrt oder gehindert werden. Was nicht in unserer Macht steht, ist kraftlos, unfrei, kann verwehrt werden und gehört zu einem anderen. Bedenke also, dass du in Hindernisse, Klagen und Unruhe geraten und gegen Gott und Menschen Beschwerde führen wirst, wenn du das seiner Natur nach Sklavische für frei und das anderen Zugehörige für dein Eigentum hältst. Wenn du dagegen nur das, was wirklich dein ist, für dein ansiehst, was aber anderen gehört, für etwas Fremdes, so kann dich niemand jemals zwingen, niemand dich hindern, du wirst gegen niemand Beschwerde führen, niemanden anklagen, wirst nichts widerwillig tun, es wird dir niemand Schaden zufügen, und du wirst keinen Feind haben; denn es wird dir nichts begegnen, was dir schaden kann.«

Mit diesen Worten beginnt Epiktets *Encheiridion*, sein Handbuch, das in 53 kurzen Lektionen beschreibt, was aus seiner Sicht für ein gelungenes Leben notwendig, aber auch ausreichend ist. Diese Worte und ihr Sinn kommen dir bekannt vor? Vielleicht hast du schon einmal von dem sogenannten *Serenity Prayer* des amerikanischen Theologen Reinhold Niebuhr (1892–1971) gehört, das in Selbsthilfeorganisationen zur Suchtbekämpfung wie den Anonymen Alkoholikern verwendet wird:

> *Gott, gib mir die Gelassenheit, Dinge hinzunehmen, die ich nicht ändern kann,*
> *den Mut, Dinge zu ändern, die ich ändern kann,*
> *und die Weisheit, das eine vom anderen zu unterscheiden.*

Epiktet beschreibt hier eine der wichtigsten Grundideen des Stoizismus, im modernen Stoizismus bekannt – wenn auch umstritten – unter dem Begriff der »Dichotomie der Kontrolle«. Diese Grundregel besagt: Wir Menschen haben viel weniger in unserer Kontrolle hinsichtlich unserer Lebensumstände, als wir annehmen – und gleichzeitig die ultimative Kontrolle über unsere innere Einstellung und damit eine große Freiheit, persönliches Lebensglück zu erreichen.

Epiktet hat am eigenen Körper erfahren, was es heißt, physisch ausgeliefert zu sein: Er kam als Sklave nach Rom und war körperlich beeinträchtigt. Eine Legende erzählt, dass sein Herr ihm mutwillig ein Bein zertrümmert habe, woraufhin Epiktet zeitlebens hinkte. Geboren wurde er 55 v. Chr. in der heutigen Türkei, wir wissen allerdings nicht, unter welchem Namen. Epiktet heißt übersetzt so viel wie »neu erworben«. Sein Herr erlaubte ihm, sich zu bilden, und gab ihm seine Freiheit, was nicht unüblich war bei gebildeten Sklaven. Epiktet gründete eine erfolgreiche Philosophieschule und ist einer der vier bekanntesten römischen

Stoiker, neben Seneca, Kaiser Mark Aurel und Epiktets Lehrer Musonius Rufus.

Wenn wir heute hören, dass jemand versklavt ist oder war, empfinden wir das zu Recht als eine zutiefst abscheuliche, menschenverachtende Praxis. Damals, in der Antike, war es ein ganz normales, qua Geburt oder durch andere Umstände (Kriegsgefangenschaft, Schuldgefangenschaft) erlangtes Schicksal, dem man sich zu fügen hatte. Heutzutage sind wir in der Gesellschaft, in der wir leben (zumindest in der Theorie) alle frei und gleichwertig, haben die gleichen Rechte und den gleichen Wert. Nach Epiktets Definition von Freiheit leben wir trotzdem in Gefangenschaft, wenn wir uns nicht frei machen von psychologischen »Herrschern« wie Verlangen, uns schadenden Leidenschaften und Sehnsüchten. Die Gefangenschaft, die er meint, ist eine geistige.

4.1 Die Grundregel

Was Epiktet uns sagt, klingt zunächst wie ein Allgemeinplatz: Manche Dinge im Leben können wir beeinflussen und andere nicht. Das an sich ist noch keine bahnbrechende Erkenntnis. Die Konsequenzen, die er daraus zieht, können allerdings lebensverändernd sein:

Konzentriere dich vollkommen auf die Dinge, die du unter deiner Kontrolle hast, und lass solche Dinge gedanklich los, die deinem Einfluss entzogen sind, und du wirst ein glückliches Leben führen. Verwende deine Lebensenergie, deinen Einfluss, deine Schaffenskraft auf die Dinge, die in deinen Händen liegen, die du beeinflussen kannst, und akzeptiere, dass viele äußere Umstände nicht in deiner Macht liegen. Übernimm Verantwortung in den Bereichen, in denen du wirken kannst. Befreie dich von Sorgen und Blockaden im Hinblick auf Dinge, die nicht veränderbar sind.

4.1.1 Dinge ausserhalb unserer Kontrolle

Was fasst Epiktet unter die Dinge, die nicht unserer Kontrolle unterliegen? Er spricht von unserem Leib, also Körper, unserem Besitz, unserem Ansehen und unserer Stellung. Schauen wir uns diese Aufzählung genauer an.

Dass wir unseren Körper nicht unter unserer Kontrolle haben, das haben wir alle schon erlebt. Wir können uns hervorragend um unsere Gesundheit kümmern, aber dadurch ausschließen, krank zu werden, das können wir nicht. Wir können uns noch so gut ernähren, weder rauchen noch trinken und trotzdem in jungen Jahren an Krebs oder einer anderen schweren Krankheit erkranken. So vieles ist genetisch vorgegeben, von unserem Risiko für bestimmte Erkrankungen bis hin zu unserer Körpergröße, -form, Haar- und Hautfarbe.

Für Frauen kommt noch mal »eine große Schippe drauf« an unkalkulierbaren, unserer Kontrolle entzogenen Körpereigenschaften: der Zeitpunkt, an dem wir unsere erste Periode bekommen, wie lange unser Zyklus ist, wie stark unser Körper mit PMS auf die hormonellen Schwankungen reagiert, denen wir jeden Monat unterliegen. Wie einfach es für unseren Körper ist, eine Schwangerschaft aufzubauen und aufrechtzuerhalten, wie lange unsere Schwangerschaften dauern, wann wir in die Menopause kommen, mit welchen Symptomen diese einhergeht. Jeder Abschnitt in unserem Leben, ja, jeder Zeitpunkt innerhalb eines Monats ist durch gewisse, unserer Kontrolle entzogene körperliche Veränderungen geprägt. Viel Unkontrollierbares, das einen an den Rand der Verzweiflung bringen kann.

Unser Besitz unterliegt nicht unserer Kontrolle, ein Börsencrash oder Wohnungsbrand kann zunichtemachen, was wir uns mühsam aufgebaut haben. Oder – etwas weniger dramatisch – unser Geldbeutel wird gestohlen, wir verlieren unsere Sonnenbrille oder kommen zurück auf den Parkplatz, um am Auto eine Delle vorzufinden, die da vor einer halben Stunde noch nicht war.

Und unser Ansehen? So gerne ich einen bestimmten Eindruck auf meine Mitmenschen machen würde, so wenig kann ich bestimmen, was sie tatsächlich über mich denken. Eine prominente Person kann durch eine misslungene Aussage oder einen Post auf Social Media einen Shitstorm auslösen und gecancelt werden. Was andere von uns halten, kann sich schnell ändern und liegt nicht in unserer Hand.

Mit unserer »Stellung« hat Epiktet unseren Job gemeint. Nein, auch hier liegt es keineswegs im Bereich dessen, was wir beeinflussen können, wer uns wann einstellt, befördert oder kündigt. Bei schlechter wirtschaftlicher Gesamtsituation bekommen selbst die besten Absolventinnen keine Festanstellung, eine betriebsbedingte Kündigung kann uns alle treffen.

Epiktet benutzt alte Begriffe, aber auch in unserer Zeit liegt er mit seiner Aufzählung richtig. Wenn wir mal so einen gewöhnlichen Durchschnittstag betrachten, dann haben wir von Sonnenaufgang bis Sonnenuntergang den Großteil unseres Alltags nicht unter unserer Kontrolle: das Wetter, die Pünktlichkeit der S-Bahn, die Laune der Kollegin, den Lunchplan in der Cafeteria, die Viren in Großraumbüro und Kita und so weiter und so fort.

4.1.2 Dinge in unserem Kontrollbereich

Was bleibt da noch unter unserer Kontrolle, in unserem Einflussbereich? Worauf sollten wir alle unsere Energie richten? Auf unsere Annahme, auf unseren Antrieb zum Handeln, auf unser Begehren und auf unser Meiden, so hinterließ es uns Epiktet. (Eigentlich hinterließ er uns gar nichts Schriftliches, sondern beschränkte sich in seiner Zeit auf mündlichen Vortrag seinen Schülern gegenüber. Seinem Schüler Arrian verdanken wir, dass Epiktets Gedanken heute noch existieren, da er sie niederschrieb.)

Was hat Epiktet damals gemeint?

Wir haben es in unserer Einflusssphäre, bewusste Urteile zu fällen, auch bekannt als unsere Meinungen. Wir können uns bewusst entscheiden zu handeln oder es unterlassen (wobei man im Hinterkopf behalten muss, dass ein großer Teil unserer Denkprozesse unbewusst abläuft, da System 1 am Ruder ist). Wir können bestimmen, was unsere Werte und Motivationen sind, was uns wichtig ist und was uns antreibt. Unsere Freiheit ist also eine innere: Jemand (oder eine Krankheit) kann uns zwar davon abhalten wegzulaufen, aber niemand kann uns den Entschluss nehmen, laufen zu wollen. Diese innere Entscheidungsfreiheit, unsere Willenskraft, nennt Epiktet *prohairesis.*

Wir haben zwar nicht in unserer Hand, was uns alles zustößt – Unfälle, Krankheiten, narzisstische Mitmenschen, Verluste, um nur ein paar Beispiele zu nennen –, aber es liegt an uns, wie wir darauf reagieren. Wir können uns darüber aufregen, uns beschweren, uns Sorgen machen, verzweifeln. Oder wir können die Umstände akzeptieren und das Beste daraus machen. Uns trotz und gerade angesichts widriger Umstände würdevoll und gut verhalten. Dieses angemessene Verhalten setzt voraus, dass wir uns aktiv dafür entscheiden. Den Schlüssel zu unserer inneren Haltung halten wir selbst in der Hand. Wir können die Verantwortung dafür nicht abgeben.

Diese innere Freiheit macht uns gewissermaßen unbesiegbar. Wir sind nicht machtlos, einfach nur ein Blatt im Wind des Schicksals, sondern wir haben die Möglichkeit, kurz zu pausieren und aktiv eine andere Reaktion zu wählen als die, die zunächst auf der Hand zu liegen scheint.

Um einem Missverständnis vorzubeugen: Die Tatsache, dass viele Dinge nicht in unserer Macht stehen, soll uns nicht dazu verleiten, die Hände in den Schoß zu legen in der Annahme, dass wir sowieso nichts bewirken können. Wir können und sollen auch als Stoikerinnen in die Welt hinausgehen und aktiv unsere Ziele verfolgen. Uns einsetzen für unsere Belange, für das Erreichen unserer Ziele und natürlich auch für andere und die Interessen der Gemeinschaft. Nur wenn Dinge unmöglich zu ändern sind, dann sollten wir sie so gelassen wie möglich akzeptieren. Denn unglücklich wird, wer sich unmögliche Dinge wünscht. Epiktet vergleicht dieses sinnlose Wünschen damit, sich Feigen im Winter zu wünschen. Es gibt sie nicht und es ist ein Narr, wer sie sich trotzdem herbeiwünscht.

4.2 Praktische Anwendung der Dichotomie der Kontrolle

Etwa zur Halbzeit meiner dritten Schwangerschaft zeigte mir mein Körper wieder einmal ganz deutlich, wie wenig ich ihn »unter Kontrolle« hatte. Aus ungeklärten Gründen hatte ich immer wieder Blut im Urin und schier unerträgliche Nierenschmerzen. Ich musste insgesamt viermal in Krankenhäusern stationär behandelt werden, zweimal lag ich eine Woche lang mit Katheter und über die Vene verabreichten starken Schmerzmitteln, unter anderem Opioiden, auf der Pränatalstation des Krankenhauses, das ich eigentlich nur kurz besuchen wollte, um mein Baby zu bekommen. Noch immer galten die Pandemiebesucherregelungen, sodass meine Kinder nicht zu mir durften und ich fast durchgehend allein war. Wer schon einmal eine Nierenkolik durchgemacht hat, der weiß, dass die Schmerzen zu Recht von Medizinerinnen als »Vernichtungsschmerz« bezeichnet werden. Gegen diese Schmerzen wünschte ich mir wirklich fast die Presswehen der letzten Geburt herbei, ich wusste nicht mehr, was schlimmer wäre. Generell wusste ich nicht mehr viel, außer dass ich mich in einer Extremsituation befand, in der ich nicht mehr viel Kontrolle über meine äußeren Umstände hatte und auf Hilfe angewiesen war.

Was mir blieb, war der Rückzug nach innen. Das, was Mark Aurel als die »innere Burg« beschreibt, ein Rückzugsort, der für uns immer offensteht, egal wie widrig die äußeren Umstände sind. Denn ich konnte immerhin entscheiden, wie ich diese Situation annehme. Ich beschloss, mich nicht von Panik und Angst leiten zu lassen. Sagte mir, dass dieser Zustand wahnsinniger Schmerzen ein vorübergehender war. Ich konzentrierte mich auf die gegenwärtige Situation, darauf, jede Minute zu überstehen, anstatt darüber nachzudenken, wie ich diesen Zustand möglicherweise die ganze restliche Schwangerschaft lang aushalten sollte. Und darüber, ob die Opioide, die ich nicht einnehmen wollte, aber wegen der überwältigenden Schmerzen einnehmen musste (auch da ansonsten möglicherweise vorzeitige Wehen ausgelöst worden wären), das Kind in meinem Bauch vielleicht doch schädigen könnten. Ich versuchte, trotzdem freundlich und fair gegenüber meinen Mitmenschen zu bleiben – in meiner Lage waren das in erster Linie die Pflegerinnen, Hebammen und Ärztinnen und Ärzte, die sich nach besten Kräften um mich kümmerten. Ich beschloss, stark zu bleiben, für mich, mein Baby und meine restliche Familie.

Diese innere Entscheidungsfreiheit hat mir Kraft gegeben und mich durchhalten lassen. Ich konnte mich frei fühlen, so absurd das klingen mag, angesichts der Tatsache, dass ich durch Zugang und Katheter buchstäblich ans Bett gefesselt war und tagelang nicht einmal duschen gehen konnte. Dass meine mentale Situation grundsätzlich gut und stabil war, heißt nicht, dass jeder Tag ein Kinderspiel gewesen wäre – nein, ich erinnere mich an einen bestimmten Donnerstag, an dem mir nur beim Gedanken an meine Kinder zu Hause schon Tränen über die Wangen liefen und ich auch ehrlich gesagt ziemlich in Selbstmitleid aufging. Aber im Großen und Ganzen habe ich die Zeit gut überstanden, und die Dichotomie der Kontrolle und andere Konzepte des Stoizismus haben mir dabei gute Dienste geleistet.

In dieser Extremsituation hat es sich als von Vorteil erwiesen, dass ich mich schon mehrere Jahre mit Stoizismus beschäftigt habe. Denn wie eine Rettungsschwimmerin, die, wenn sie sich im Rettungseinsatz in die Fluten stürzt, für diesen Fall täglich trainiert hat, ist es wichtig, bestimmte Mechanismen einzuüben, bis sie automatisch ablaufen. Es ist also wichtig, in guten Zeiten zu üben, was in harten Zeiten im mentalen Werkzeugkasten automatisch abrufbar sein soll. Da unterscheiden sich gedankliche Vorgänge nicht vom Muskelgedächtnis im Sport, bei dem eine bestimmte motorische Aufgabe durch Wiederholung im Gedächtnis verankert und automatisiert wird.

Die Dichotomie der Kontrolle kann auch dabei helfen, sich auf eine bevorstehende Situation vorzubereiten: Nehmen wir an, du hast eine wichtige Präsentation in den kommenden Wochen, die dich aufgrund der Größe oder Qualität des Publikums oder wegen des Themas nervös macht, oder du bist einfach generell beunruhigt, weil du nicht gerne vor Publikum sprichst. Im Vorfeld überlegst du dir in Ruhe, welche Faktoren der Situation in deiner Sphäre liegen und welche nicht. Du wirst beispielsweise nicht in der Hand haben, ob die Technik perfekt funktioniert. Das Internet kann ausfallen oder gleich der Strom. Dein Körper kann auf eine Art reagieren, die du nicht kontrollieren kannst: Du kannst erröten oder stottern, bis hin zum gefürchteten gedanklichen Komplettausfall, dem Blackout. So ein Blackout ist ein Vorgang im Gehirn, bei dem sich der Hippocampus, der Teil des Gehirns, der zum Abspeichern von Informationen zuständig ist, abschaltet, um sich vor einer Schädigung durch ein zu hohes Level an Stresshormonen wie Cortisol zu schützen. Das Gemeine daran ist, dass das System umso weniger anspringen wird, je mehr du krampfhaft versuchst, deinen Faden wiederzufinden. Deine Angst und Panik blockieren deine Gehirnleistung. Ein wahr gewordener Alptraum. Deinem Einfluss entzogen ist auch, wie deine Präsentation beim Publikum ankommt, ob man dich für inhaltlich kompetent oder eine gute Rednerin hält. Es können Zwischenrufe oder andere Störungen auftauchen.

Welche Teile hast du hingegen in deiner Einflusssphäre? Zum Beispiel, wie gut du dich vorbereitest, wie oft du einen Probedurchgang machst. Bei einer solchen Übungsrunde kannst du auch einen fingierten Blackout einbauen und gleichzeitig üben, mit dem körperlichen »Versagen«, das allen passieren kann, souverän umzugehen. Ein knappes »Da ist der Gedanke weg, ich komme dann zu einem anderen interessanten Punkt« in Kombination mit einem Lächeln wird dir eher Sympathien einbringen als Kopfschütteln. Souveränität wirkt oft angeboren, aber tatsächlich kann man sie einüben. Außerdem kannst du die Wahl deiner Kleidung beeinflussen und etwas tragen, in dem du dich selbstbewusst und stark fühlst, deine Powerfarbe, die dir Energie gibt.

Du kannst dich mental mit dem Worst-Case-Szenario beschäftigen (eine stoische Übung, die *Premediatio malorum* genannt wird und auf die ich in Teil 2 »Stoische Übungen« noch genau eingehen werde) und feststellen, dass sogar ein vollkommen vermurkster Vortrag dein Leben nicht langfristig schädigen wird und halb so schlimm ist, wie er auf den ersten Blick erscheint. Du kannst auch eine Atemübung oder kurze Meditation einüben, um dich vor der Präsentation in eine fokussierte und ruhige Stimmung zu versetzen. Die intensive Auseinandersetzung mit der Dichotomie der Kontrolle kann dir die Anspannung vor einer derartigen Situation vielleicht nicht ganz nehmen, aber verringern.

Oder zurück zu meinem Schiffbruch-Moment in der Phase des ersten Lockdowns: Was hatte ich in diesen Wochen in meiner Macht und was nicht? Sicherlich nicht, welche Regeln die kalifornische Regierung aufstellen und wie lange diese Situation noch anhalten würde. Letztlich auch nicht wirklich, ob wir als Familie Covid bekommen würden, da konnte ich nur die Wahrscheinlichkeit senken. Was ich aber in meiner Einflusssphäre hatte, war, wie ich innerlich mit der Situation umgehe. Ob ich mich auf den vorliegenden Moment konzentriere oder mir ständig Sorgen um die Zukunft mache. Welche Atmosphäre ich für meine Kinder schaffe (oder es zumindest versuche).

Die Dichotomie der Kontrolle ist deswegen so essenziell, weil wir, wenn wir nicht verstanden haben, was in unserer Verantwortung und Macht liegt, nach Ansicht der Stoiker kein glückliches Leben führen können. Wir können nicht die beste Version unseres Selbst sein, wenn wir verwechseln, was in unserer Hand und was außerhalb unseres Einflusses liegt. Wir werden ständig unglücklich sein über äußere Umstände und uns somit nicht auf unsere eigentlichen Aufgaben, in denen wir wirken und menschlich brillieren können, konzentrieren können. Das kann man kein gelungenes Leben nennen, kein Leben »im Flow«.

4.3 Die Bogenschützin

Wie so oft im Leben ist auch bei der Frage, was wir alles kontrollieren können, manches schwarz und weiß, also komplett in unserer Hand oder komplett außerhalb unseres Einflussbereichs (so zum Beispiel, wie jeder Hamburgerin schmerzhaft bewusst ist, das Wetter) und vieles in einer Grauzone. In der Grauzone liegen all die Dinge, auf deren Ausgang wir zwar einen gewissen Einfluss ausüben können, deren Endergebnis dann aber doch unserer ultimativen Macht entzogen ist. Wir können eine Einladung zum Abendessen akribisch planen, jeden Gang zur Probe vorkochen und eine sorgfältig kuratierte Playlist im Hintergrund abspielen – wenn die Gäste an dem Tag aber mit gebrochenem Herzen ankommen oder mit Migräne absagen, wird der Abend einen anderen Verlauf nehmen als in der perfekten Gastgeberinnen-Vorstellung. Wir können bestvorbereitet in ein Jobinterview gehen, die Case Studies rocken und trotzdem eine Absage erhalten – weil eine andere Bewerberin (noch) besser war. Oder vielleicht erinnern wir die Interviewerin mit unserer Art zu sprechen auch an ihre nervige Cousine und sie entscheidet sich allein deswegen gegen uns (Stichwort kognitive Verzerrungen).

Für diese Fälle gibt es in der stoischen Philosophie das Bild der Bogenschützin. Stell dir eine hochkonzentrierte Schützin vor, Zug- und Bogenhand sind perfekt positioniert, Körper- und Kopfhaltung sind optimal, sie hebt den Bogen an, zieht ihn aus, zielt und schießt.

Trotz des perfekten Schussablaufs kann dieser Schuss sein Ziel verfehlen. Der Wind kann sich drehen oder die Zielscheibe umfallen. Alles, auf was sich die Schützin fokussieren kann, ist, den bestmöglichen Schuss abzugeben. Die Umstände, nachdem der Pfeil abgeschossen worden ist, sind ihrem Einfluss entzogen. Was kann sie also tun? Sie kann sich komplett auf ihre innere Zielsetzung konzentrieren. Ihr Ziel ist es dann nicht, die gelbe Zehn in der Mitte der Zielscheibe zu treffen, sondern den bestmöglichen Schuss zu platzieren. Sie internalisiert also ihr Ziel. Sie konzentriert sich auf den Prozess anstatt auf das Ergebnis.

Das wirkt nicht intuitiv richtig. Sollten wir uns nicht Ziele vor Augen halten? Etwas, auf das wir hinarbeiten? Dafür fasst man doch Vorsätze am Beginn eines neuen Jahres. Ich möchte jede Woche ein Buch lesen (oder ein Hörbuch hören). Regelmäßig ins Fitnessstudio gehen. Mit jedem meiner Kinder einmal im Monat einen Ausflug allein machen, da im Elternratgeber steht, dass das für die Bindung ganz wichtig ist und dadurch Kinder überhaupt erst in eine offene Kommunikation treten. An diesem Ziel kann man sich dann auch messen lassen, seinen Erfolg oder Misserfolg nachvollziehen. Das Problem ist nur, dass der Misserfolg so häufig eintritt, mit dem Ergebnis, dass man frustriert und von sich selbst enttäuscht ist, sich als Versagerin fühlt. Wieder etwas nicht geschafft. Das schlechte Gewissen kriecht den Hals hoch – ich hatte es mir doch fest vorgenommen. Es kann doch nicht so schwer sein, andere schaffen es doch auch.

Stopp! Genau diese negativen Gedankenspiralen können wir durchbrechen, wenn wir uns auf den Prozess, auf den Weg zu einem Ziel und auf eine innere Zielsetzung konzentrieren und das äußere Ergebnis außen vor lassen. Wenn mein Ziel ist, mich bestmöglich zu bemühen, mit meinem Kind offene, entspannte

Gesprächssituationen im Alltag herbeizuführen, dann ist das realistischer zu erreichen als ein fester Ausflug, bei dem einem wieder einmal das Leben dazwischenkommt. Wenn mein Ziel ist, bestmöglich vorbereitet in ein Jobinterview zu gehen, dann habe ich schon gewonnen, bevor ich überhaupt am Tisch Platz genommen habe.

In seinem *New-York-Times*-Bestseller *Atomic Habits*[10], in dem es darum geht, wie wir möglichst erfolgreich neue Routinen und Angewohnheiten in unser Leben integrieren können, beschreibt der Autor James Clear weitere Vorteile dieser Vorgehensweise: Dadurch, dass wir uns auf das System an sich konzentrieren, auf das tatsächliche tägliche Tun, erreichen wir in kleinen Schritten unseren Erfolg. Wir nehmen uns die Last von den Schultern, ein gewisses, starres Ergebnis zu erzielen. Wir sind schon, während wir uns auf dem Weg zu einem bestimmten Ziel befinden, glücklich, anstatt auf das Eintreten eines Resultats zu warten – und am Ende möglicherweise das Nicht-Eintreten zu beklagen.

Nachhaltige Veränderungen sind nur möglich, wenn wir jeden Tag an unserem Tun arbeiten und nicht nach einem bestimmten (Teil-)Erfolg die Hände in den Schoß legen und uns auf den Lorbeeren ausruhen. Durch das stetige Bekenntnis zu einem bestimmten Tun oder Unterlassen baust du dein Selbst um und wirst zu dem Menschen, der du zu sein anstrebst: eine geduldigere Mutter. Eine verlässliche Freundin. Eine hilfsbereite Nachbarin. Eine engagierte Kämpferin für eine gute Sache. Der Weg des *prokoptons* (so nennen die Stoiker jemanden, der Fortschritt macht, der an sich arbeitet, so unperfekt das Zwischenergebnis auch sein mag) ist lang und steinig. Es wird Rückschläge geben, aber das Wichtige ist, die eigentliche Richtung nicht aus den Augen zu verlieren, sich Fehler zu verzeihen und weiterzugehen.

Mich nicht auf das Ergebnis zu versteifen, sondern auf den Weg und darauf, wie ich mit meinem Schicksal umgehe, hat mir in schweren emotionalen Situationen geholfen. Am Anfang meiner dritten Schwangerschaft war ich vor jedem Untersuchungstermin angespannt. Ich hatte bereits zwei Fehlgeburten erlitten und mir war klar, dass in den ersten zwölf Wochen (und ehrlich gesagt, wenn auch mit niedrigerer Wahrscheinlichkeit, auch im weiteren Verlauf der Schwangerschaft) noch sehr viel schiefgehen und jeder Ultraschall eine traurige Gewissheit liefern kann.

Eine Fehlgeburt kann ein sehr schmerzhaftes Erlebnis und sowohl körperlich als auch psychisch extrem belastend sein. Fehlgeburten kommen häufig vor – ungefähr jede dritte Schwangerschaft ist nicht intakt, viele enden bereits in einem so frühen Stadium, dass sie gar nicht bemerkt werden (anders selbstverständlich, wenn man unbedingt schwanger werden möchte und mit dem teuersten Schwangerschaftsfrühtest zu Hause »hibbelt«). In den letzten Jahren ist das Thema endlich aus der Scham- und Tabu-Ecke herausgeholt worden, seitdem auch prominente Frauen wie Michelle Obama offen über ihre Erfahrungen sprechen. Jede Frau erlebt eine Fehlgeburt unterschiedlich, aber in manchen Fällen sind Depressionen und ein langer Trauerprozess die Folge, in anderen körperliche Komplikationen wie starke Blutungen oder Verwachsungen in der Gebärmutter, die weitere Eingriffe erforderlich machen. Das Gefühl, dass der eigene Körper »versagt hat«, in Kombination mit den erst steigenden und dann fallenden Schwangerschaftshormonen ergibt einen heftigen Cocktail, der einen langfristig psychisch aus der Bahn werfen kann.

Im Auto auf dem Weg zu einem Routinetermin bei meiner Ärztin kroch jedenfalls Panik in mir hoch, mir wurde übel, ich fing an, flach und schnell zu atmen. Ein Gefühl, das mir bekannt war, sogar der Zeitpunkt des Erscheinens im Verlauf des Dramas war typisch. Genau auf der Autofahrt zu einem kritischen Termin gipfelt meine Angst, das war schon auf dem Weg zum Justizprüfungsamt als Jurastudentin so. Ich sah, bleich wie die Wand an die Beifahrerklinke gekrallt, aus, als brächte man mich zu meiner eigenen Hinrichtung anstatt zum Höhepunkt meiner juristischen Ausbildung. Damals wusste ich mir noch nicht zu helfen, hatte kein Werkzeug verfügbar im Umgang mit den mich überkommenden Angstgefühlen.

Was mir auf dem Weg zu Untersuchung, fünfzehn Jahre und viele stoische Übungen später, geholfen hat, war, mich nicht auf das gewünschte Ergebnis zu fokussieren – dass diese Schwangerschaft aufrechterhalten bleiben wird, dass da ein Herzton zu sehen ist, dass ich in acht Monaten mein kleines Baby im Arm halten werde. Auf all diese Dinge habe ich keinerlei Einfluss. Sie noch so sehr herbeizuwünschen bringt nichts. Stattdessen wollte ich mich darauf konzentrieren, dass ich, was auch immer das Ergebnis dieser Untersuchung sein wird, die Kraft finden werde, damit umzugehen. Mithilfe meiner Familie und Freundinnen, die für mich da sein werden, und weil ich stark bin und auch diesen Schicksalsschlag verarbeiten kann und nach einer Zeit der Trauer, die vollkommen normal ist, wieder nach vorne sehen und mich auf die schönen Dinge in meinem Leben konzentrieren kann, für die ich dankbar bin. Durch diese interne Zielsetzung wurde ich ruhiger und meine Anspannung ließ nach. Ich hatte ein Stück weit die Kontrolle über die Situation wiedererlangt, weil ich aktiv etwas tun konnte, anstatt dem Ergebnis der Untersuchung einfach nur ausgesetzt zu sein.

Bogenschützin zu sein heißt also, unser Bestmögliches zu geben – und dann zu akzeptieren, dass das Ergebnis unserer Bemühungen nicht unter unserer Kontrolle ist. So geht es auch mir gerade: Ich versuche, ein möglichst gutes Buch zu schreiben (auch wenn die Umstände mit drei kleinen Kindern teilweise erschwert sind) und muss trotzdem akzeptieren, dass es meinem Einfluss entzogen ist, ob das Buch gut bei meiner Leserschaft ankommt, wie viele Menschen es tatsächlich lesen werden und ob es ihnen weiterhilft. Alles, was ich tun kann, ist, mein Bestes geben – und das ist dann genug.

Kurz gesagt

- Epiktets wichtigste Regel, »Dichotomie der Kontrolle« genannt, besagt, dass manche Dinge in unserer Macht und andere nicht in unserer Macht stehen. Was wirklich in unserer Macht steht, ist, für was wir uns täglich entscheiden und wie wir die Dinge, die passieren, beurteilen.
- Um ein gutes Leben zu leben, müssen wir uns auf die Dinge konzentrieren, die in unserer Macht sind, die wir in unserer Kontrolle haben, und den restlichen Dingen mit einer gelassenen inneren Haltung gegenübertreten. Wir akzeptieren, dass wir vieles nicht kontrollieren können, und versuchen, Ergebnisse nicht länger zu erzwingen.
- Was uns im Leben passieren wird, was für Steine uns in den Weg gelegt werden und wie andere uns behandeln, das liegt nicht in unseren Händen. Wie wir darauf reagieren, allerdings sehr wohl. Darin liegt unsere Freiheit.
- Wenn wir uns auf den Prozess anstatt auf das Ergebnis eines gewissen Vorhabens konzentrieren, liegt es in unserer Macht, ob wir Erfolg haben werden. Dadurch, dass wir unser Bestes geben, haben wir schon gewonnen. In der stoischen Philosophie demonstriert dies das Bild der Bogenschützin.

Kapitel 5

Stoisch erziehen

Wenn man Kinder großzieht, wird einem schnell vor Augen geführt, dass man sich auch hier in einem Bereich befindet, in dem unsere Möglichkeiten zur Einflussnahme zwar grundsätzlich gegeben, aber die Ergebnisse unserer Bemühungen unserer Macht entzogen sind.

Erst einmal liegt das im Kind selbst begründet: Jedes Kind ist einzigartig, mit eigenen Stärken und Schwächen ausgestattet, vom Moment der Zeugung an das einzige kleine Paket mit dieser speziellen genetischen Zusammensetzung. Alle Eltern, die mehr als ein Kind miteinander haben, wissen, wie unterschiedlich sich ein gemeinsamer Genpool darstellen kann – oder man schaue sich nur seine eigenen Geschwister an. Manche Kinder schlafen gut, andere weniger gut, manche essen unproblematisch alles, was man ihnen vorsetzt, andere nur bestimmte Lebensmittel (oder wie mein Bruder nichts, das grün ist, denn »grün ist nicht gut für mich«). Davon abgesehen können wir andere Menschen, egal ob groß oder klein, grundsätzlich nicht »kontrollieren« – dein Kind hat seinen eigenen Kopf und trifft seine eigenen Entscheidungen. Schon gar nicht kontrollieren können wir, wie sich andere Menschen deinem Kind gegenüber verhalten werden, ob sie es gut oder schlecht behandeln und auf welche Situationen das Kind in seinem Leben einmal treffen wird.

Zwar können wir versuchen, für ein sicheres und liebevolles Umfeld zu sorgen, jede Eventualität werden wir allerdings nicht bedenken und jede Gefahr nicht präventiv ausschalten können. Das löst Stress aus, versetzt uns in ständige Alarmbereitschaft und Sorge. Der amerikanischen Autorin Elizabeth Stone wird das Zitat zugeschrieben: »Die Entscheidung, ein Kind zu haben, ist von großer Tragweite. Denn man beschließt für alle Zeit, dass das Herz außerhalb des Körpers herumläuft.« Eine wahrlich furchteinflößende Vorstellung. Es gehört zur ureigensten Aufgabe und Herausforderung jedes Elternteils, zu lernen zu akzeptieren, dass wir zwar versuchen können, das Leben unserer Kinder positiv zu beeinflussen und zu begleiten, aber keine Kontrolle darüber haben, zu was für einem Menschen sich unser Kind entwickelt, wie sich ihr oder sein Leben gestalten wird oder gar, ob es glücklich wird.

Was sind Teile im Leben unserer Kinder, die wir in unserer Einflusssphäre haben? Zunächst einmal können wir an uns selbst arbeiten. Wie wir als Eltern unser Leben führen, ob wir mit uns und unseren Werten im Reinen sind, das ist die Umgebung, die wir für unser Kind schaffen. Wenn wir auf unsere eigene psychische Gesundheit achten, sind wir auch besser in der Lage, einem kleinen wachsenden Menschen Hilfestellung zu geben. Wenn wir uns darüber bewusst sind, wer wir sind und was unsere Stärken und Schwächen sind, fällt es uns leichter, uns auf ein Kind und seine Bedürfnisse einzustellen.

Im Idealfall sind wir, was die Autoren Ned Johnson und William Stixrud in ihrem Buch *The Self-Driven Child: The Science and Sense of Giving Your Kids More Control Over Their Lives* eine »*non-anxious presence*«, also eine Art angstfreien Raum, nennen. Dafür müssen wir uns unseren eigenen Ängsten stellen, auch unseren Zukunftsängsten, und die Bereiche in unserem Leben justieren, die uns daran hindern, ausgeglichen und glücklich zu sein. Damit meinen die beiden Stressmanagement, all die Dinge, von denen wir grundsätzlich wissen, dass sie unsere Lebensqualität verbessern, aber die so schwer umzusetzen sind: entschleunigen, Sport machen, versuchen, irgendwie ausreichend Schlaf zu bekommen (in manchen Phasen als Eltern ein Ding der Unmöglichkeit). Für mich heißt es, mehr Zeit in der Natur zu verbringen.

Die beiden Autoren beschreiben weiterhin in ihrem Buch, wie wichtig ein Gefühl von Kontrolle über das eigene Leben für die mentale Gesundheit des Kindes ist, denn das Gegenteil, ein Gefühl von Kontrollmangel, führt zu Angstzuständen und Depressionen. Dazu gehört aus Elternsicht, ein Stück weit die Kontrolle aufzugeben und dem Kind (altersgemäße) Eigenverantwortung zuzutrauen. Die Kontrolle »über« ein Kind zu haben ist also, wie beschrieben, nicht nur nicht möglich, sie ist auch überhaupt nicht gesund für ein Kind.

Wie kann der Umgang mit dem Thema Kontrolle in der Erziehung konkret aussehen?

Zunächst machen wir uns klar, dass wir nur eine eingeschränkte Macht darüber haben, das Verhalten unserer Kinder zu ändern – dafür aber die volle Macht darüber, unsere eigenen Reaktionen auf dieses Verhalten, unser eigenes Verhalten zu ändern. Wir können weitergehend beispielweise akzeptieren, dass wir keine Kontrolle darüber haben, was andere Menschen von unserer Erziehung und unseren Kindern halten. Und das ist auch vollkommen in Ordnung, da deren Meinung nicht relevant ist, weder für die Bewertung unseres eigenen Charakters noch für die des Charakters unseres Kindes. Was nicht heißen soll, dass kein Wert auf die Ansichten von anderen uns nahestehenden Personen gelegt werden sollte – es kommt aber entscheidend darauf an, ob uns diese Person und ihre Meinung wirklich wichtig ist. Und das ist die Fremde, die im Supermarkt die

Nase rümpft über unseren sich vor dem Süßigkeitenregal auf dem Boden wälzenden Dreijährigen, sicherlich nicht. Es kommt darauf an, ob wir die Person für weise und eine gute Ratgeberin halten. Die Tante des Kindes oder eine Erzieherin in der Kita, die uns ihre Beobachtungen mitteilt, verdient es, ernstgenommen zu werden, auch wenn uns die Einschätzung vielleicht manchmal nicht passt. Sie hat auf jeden Fall einen anderen Stellenwert als eine Fremde.

Wir können unsere Kinder schon früh eigene Entscheidungen fällen lassen und sie dann selbst herausfinden lassen, welche Konsequenzen ihr Handeln mit sich bringt und ob sie sich erneut so verhalten möchten. Ich rede natürlich nicht von tatsächlichen Gefahrenquellen, die Kinder nicht abschätzen können, wie über eine rote Ampel zu rennen oder (weniger dramatisch, aber langfristig problematisch) aufs Zähneputzen zu verzichten. Ich rede von kleineren Verantwortungsbereichen im Alltag wie beispielweise sich die Kleidung selbst aussuchen oder die Entscheidung, in welcher Reihenfolge Hausaufgaben und Bildschirmzeit aufeinander folgen. Ob man für ein Diktat gemeinsam übt oder nicht.

Wir können auch im Rahmen der Erziehung den Schwerpunkt auf den Prozess anstatt auf das Ergebnis legen. Das heißt zum Beispiel, Bemühungen zu loben, auch wenn das Endergebnis alles andere als perfekt ist. Schlechte Schulnoten akzeptieren, wenn sich das Kind bemüht hat. Ein Kind nicht dafür kritisieren, dass es ein von wem auch immer gesetztes Ziel nicht erreicht, sondern es darin bestärken, sein Bestes zu geben und darauf stolz zu sein. Wir können, wie die Bogenschützin, unser Bestes geben, um die Voraussetzungen für eine gelungene Kindheit zu bereiten, aber wir müssen auch akzeptieren, dass wir den Flug des Pfeils, in dem Fall den Lebensweg unseres Kindes, nur beeinflussen, nicht bestimmen können.

Außerdem ist es wichtig, sich seiner Vorbildfunktion bewusst zu sein. Die Stoiker setzten sehr stark auf den Einfluss, den positive Vorbilder auf unser Leben haben. Wie wir solche in unserem Leben finden, dazu mehr im Kapitel 9.1 *(Ein Vorbild finden)*. Im Rahmen der Beziehung zu unseren Kindern müssen wir uns darüber im Klaren sein, dass wir für unsere Kinder diese Personen sind. Personen, zu denen sie aufsehen, von denen sie lernen und ableiten, wie die Welt funktioniert und wie man sich in ihr am besten verhält. Unsere Werte, unsere Prioritätensetzungen, werden von unseren Kindern beobachtet und übernommen (oder irgendwann in Opposition abgelehnt). Wie wir mit unseren Mitmenschen umgehen, freundlich und nachsichtig, tolerant und offen, so lernen unsere Kinder, mit anderen umzugehen. Sie beobachten ganz genau, wem oder was wir unsere Zeit und Aufmerksamkeit widmen.

Sie beobachten auch, wie verständnisvoll und liebevoll wir mit uns selbst umgehen. Dazu gehört auch unser Körperbild. Laut einer Studie des HSBC Studienverbundes Deutschland[11] finden sich 41,5 Prozent der befragten jugendlichen Mädchen und 30,4 Prozent der befragten jugendlichen Jungen ein wenig oder viel zu dick und fast alle benutzen (teilweise gefährliche) Strategien zur Gewichtsreduktion. Wenn wir unseren Kindern ein positives Körperbild vorleben, anstatt überkritisch mit unseren Körpern zu sein, ist es zumindest möglich, dass unsere Kinder dadurch bestärkt werden, sich so zu lieben und zu akzeptieren, wie sie sind.

Weitere Bereiche, in denen unsere Vorbildfunktion relevant wird, sind: wie viel Wert wir auf Freundschaften legen, wie wir diese pflegen, wie wir mit Kritik umgehen, wie wir auf Schwierigkeiten und Hindernisse reagieren. Das ist der Einfluss, der in unserer Hand liegt. Den Rest müssen wir lernen anzunehmen und zu akzeptieren. Eine solche Vorbildrolle ist im Übrigen nicht auf die Eltern beschränkt. Auch als Patentante, Freundin der Familie, Lehrerin oder andere nahestehende Person hat man erheblichen Einfluss auf die Entwicklung von Kindern und die Chance, einem Menschen dabei zur Seite zu stehen, ein gesunder, sozialer und glücklicher kleiner Mensch zu sein und großer Mensch zu werden. Das ist viel Verantwortung, schon fast erdrückend viel. Doch selbst wenn wir Fehler machen, können unsere Kinder daraus lernen – nämlich, dass Fehler nichts Schlimmes sind, vielmehr der Umgang mit ihnen das Entscheidende ist, dass man sich entschuldigen kann und einem verziehen wird.

Die Moderne Stoikerin Brittany Polat empfiehlt in ihrem Buch *Tranquility Parenting – A Guide to Staying Calm, Mindful and Engaged*, sich mit seinen Grundüberzeugungen, die Basis der eigenen Erziehungsphilosophie sind, bewusst auseinanderzusetzen. Der Vorteil davon, sich über seine Grundüberzeugungen im Klaren zu sein, liegt darin, dass man schnell und effizient handeln kann, wenn sich eine herausfordernde Situation im Umgang mit dem Kind ergibt. Wenn man Stoizismus als Lebensphilosophie wählt, überträgt sie die dortigen Grundüberzeugungen folgendermaßen auf den Bereich der Erziehung:

Erstens sollten wir unsere Vernunft einsetzen, um konsequente, in sich stimmige Erziehungsprinzipien zu haben, die unser Verhalten als Eltern leiten. Dabei sollten wir lernen, mit unseren negativen Emotionen umzugehen, damit wir effektiver mit Herausforderungen umgehen können. Negative Emotionen werden dabei nicht unterdrückt, sondern bewusst wahrgenommen und die ihnen zugrundeliegenden Werturteile hinterfragt (mehr dazu im Kapitel über die Emotionen). Zweitens sollten wir uns jederzeit gemäß den stoischen Tugenden verhalten, also gerecht, weise, maßvoll und mutig handeln. Wenn wir mit unseren Kindern interagieren, leben wir unsere Überzeugungen und das Verhalten, das wir für wichtig halten, vor. Und drittens sollten wir uns vor Augen halten, dass sich immer wieder unerwünschte Situationen ergeben werden, denen wir uns als Eltern stellen müssen. Das an sich ist nicht zu ändern, entscheidend ist allein, wie wir mit diesen Situationen umgehen.

Kurz gesagt

- Das Leben mit Kindern ist ein ideales Anwendungsgebiet für die Dichotomie der Kontrolle: Sosehr wir uns auch bemühen, wir haben es nicht in unserer Macht, ob unser Kind glücklich leben wird. Wir können unser Bestes geben, letztendlich müssen wir aber akzeptieren, dass wir nicht die komplette Kontrolle über das Leben unserer Kinder haben können.
- Was wir in unserer Einflusssphäre haben, ist, ob wir mit uns selbst im Reinen sind und was wir unseren Kindern vorleben. Wir sind die Vorbilder unserer Kinder und sie schauen sich von uns ab, wie wir mit uns selbst und auch mit unseren Mitmenschen umgehen.
- Dem Kind ein Gefühl von Kontrolle über das eigene Leben zu geben ist immens wichtig für die psychische Gesundheit des Kindes. Das heißt auch zu akzeptieren, dass gewisse Dinge nicht so ablaufen werden, wie wir sie gerne hätten, und damit Frieden zu schließen. Auch im Hinblick auf unser Kind ist der Prozess, also dass es sich bemüht, in den Mittelpunkt zu stellen, anstatt auf gewisse Ergebnisse zu pochen.

Kapitel 6

Stoischer Realismus statt Wunschdenken

In ihrem Bestseller *The Secret* (auf Deutsch: *Das Geheimnis,* 30 Millionen verkaufte Exemplare!) beschreibt die australische Autorin Rhonda Byrne, wie wir zu glücklichen Menschen durch das »Gesetz der Anziehung« werden. Die Formel ist einfach: Worauf auch immer sich dein Denken richtet, das wirst du im Leben auch bekommen. Sinnierst du also ständig darüber, wie arm und erfolglos du bist, wird sich das manifestieren und du wirst beziehungsweise bleibst arm und erfolglos. Denkst du aber fortwährend darüber nach, was du bekommen möchtest, so wirst du diese Dinge auch irgendwann dein Eigen nennen können. Die Zauberkraft des positiven Denkens wird sie dir beschaffen. Das Universum wird dir deine Wünsche erfüllen, wenn du nur stark genug an sie denkst. Die physikalische Herleitung über Frequenzen und magnetische Eigenschaften von Energie lasse ich hier außen vor. Weitere Blüten treibt das Wundermittel Herbeiwünschen gerne in Social-Media-Kanälen in Form von manifestierenden Affirmationen, die man sich täglich sagen soll, bis sie Realität werden (»Ich werde erfolgreich sein« oder »Ich bin begehrenswert«).

Die Stoiker würden sich bei solchen Praktiken im Grabe umdrehen. Zu denken, dass wir alles bekommen können, was wir wollen, wenn wir nur stark genug daran denken, steht dem Denken der Stoiker diametral entgegen. Im Stoizismus ist eines der Grundprinzipien, dass wir die Welt akzeptieren und annehmen müssen, wie sie ist, wenn wir glücklich werden wollen. Dass wir verstehen, dass wir über sehr viele Faktoren keinerlei Kontrolle haben und dann innerlich angemessen auf die gegebenen Umstände reagieren. Das heißt keineswegs, dass man Unrecht einfach hinnehmen soll und die Hände in den Schoß legen, weil man machtlos ist. Im Gegenteil: Ein Ziel zu verfolgen und sich für die gute Sache einzusetzen ist sehr stoisch. Wir haben jeden Tag die Chance, hinauszugehen in die Welt und mit maximalem Einsatz etwas zu bewegen. Ob es dann wirklich zum Erfolg führt, liegt meistens nicht in unserer Macht. Aber wir können unser Bestes geben.

6.1 Die Welt ist, wie sie ist

Eine Grundaussage der Stoiker ist, dass die Welt abläuft, wie sie es eben tut, und wir nur entscheiden können, ob wir uns ständig und mit viel Energieeinsatz dagegen aufbäumen und wehren oder ob wir mit dem Lauf der Dinge mitgehen und das Beste daraus machen. Der stoische Philosoph Chrysipp, der nach einem Boxer namens Kleanthes das dritte Oberhaupt der griechischen Stoa war, verglich unsere Rolle im Rahmen des großen Rads des Schicksals mit der eines Hundes, der an einen Karren gekettet ist. Wenn der Hund klug ist, läuft er freiwillig und vergnügt mit; wenn er sich aber auf die Hinterbeine setzt und jault, wird er doch mitgeschleift. Er sagt also, dass sich das Universum so entwickelt, wie es das eben tut, und wir uns mit unserem freien Willen nur entscheiden können, ob wir uns dagegen auflehnen oder ob wir aktiv mitgehen und unsere Einstellung den Gegebenheiten anpassen.

Wenn wir akzeptieren, dass die Welt ist, wie sie ist, und dass wir viele Dinge nicht unter unserer Kontrolle haben, führt das zu einer Reihe von Anschlusserkenntnissen.

Eine ist beispielsweise, dass wir nicht mehr die Schuld ständig bei anderen suchen. Ja, jemand hat uns falsch behandelt, aber was geschehen ist, ist geschehen – und werden andere Menschen immer nur fair und korrekt behandelt? Wie sich andere Menschen verhalten, liegt nicht in unserer Macht.

Eine andere Erkenntnis ist, dass wir die Vergangenheit nicht ändern können, weswegen Reue und Bedauern überflüssig sind. Die Vergangenheit zu ändern ist rein physikalisch unmöglich (auch wenn Bücher über Zeitreisen noch so verlockend und verwirrend zugleich sind). Das Einzige, was wir beeinflussen können, ist unser Hier und Jetzt und dass wir heute die Person sind, die wir sein möchten, die mit ihren Werten in Übereinstimmung lebt.

Die Ansicht, dass sich die Welt unserem Willen beugt oder wir in einer anderen, besseren Realität leben sollten als alle anderen, ist falsch und irreführend. Epiktet weist uns in seinem Handbuch darauf hin, dass wir bei Schicksalsschlägen, die anderen Menschen zustoßen, oft einen anderen Maßstab anlegen als bei uns selbst. Bei anderen halten wir unglückliche Umstände für im Rahmen des Erwartbaren. Eine Kollegin hat sich das Bein gebrochen und konnte nicht in den Skiurlaub fahren? Ach, schade, aber Unfälle passieren nun mal, hoffentlich hat sie eine Reiserücktrittsversicherung abgeschlossen. Eine Freundin wurde von ihrem Date versetzt? Dating ist anstrengend und Menschen sind unzuverlässig, das ist leider so. Eine Bekannte hatte eine frühe Fehlgeburt? Tragisch, aber das passiert ja so häufig in den ersten Schwangerschaftswochen.

Aber wehe, uns selbst ereilt eine dieser Fügungen des Schicksals. Dann ist es eine große Katastrophe und warum passiert das überhaupt immer uns? Dabei muss man eher andersherum fragen: Warum soll es uns anders gehen als allen anderen? Sind wir in irgendeiner Art besser? Haben wir es mehr verdient? Nein, wir sind auch nur Teil der großen Statistik, und auch uns wird im Laufe des Lebens der eine oder andere Schicksalsschlag ereilen, das ist unausweichlich. Spätestens wenn wir sterben. Besser ist es, darauf innerlich vorbereitet zu sein, als kalt erwischt zu werden.

6.1.1 Das Leben selbst zusammensetzen

Um Missverständnissen vorzubeugen: Selbstverständlich ist es sinnvoll, eine positive und optimistische Einstellung zu haben und sich selbst darin zu bestärken, dass die Zukunft gut werden kann. Wie man an zahllosen Studien zum Placeboeffekt sieht, beeinflusst die innere Annahme, dass es einem besser gehen wird, unser Wohlbefinden erheblich und beeinflusst sogar unser Schmerzempfinden. Auch brauchen wir klar definierte Ziele, Visionen und den Mut, daran zu glauben, dass wir diese Ziele auch erreichen können. Sich selbst als eine erfolgreiche oder beliebte Person zu sehen beziehungsweise es sich vorzustellen, ist hilfreich, wenn dann entsprechende Taten folgen.

Die Stoiker waren durchaus davon überzeugt, dass es sehr wichtig für unsere Seele ist, wie wir die Welt sehen. Mark Aurel schreibt in seinen *Selbstbetrachtungen*: »Die Dinge, über die du nachdenkst, bestimmen die Art deines Geistes. Deine Seele nimmt die Farbe deiner Gedanken an.« Dann führt er weiter aus, dass gute Gedanken solche sein können, wie zum Beispiel, dass man überall ein gutes Leben führen kann, selbst am kaiserlichen Hofe (da war anscheinend auch nicht alles Gold, was glänzt), und dass wir als vernunftbegabte Wesen für die Selbstlosigkeit, für ein Leben in den Diensten anderer geboren worden sind. Es handelt sich also um eine etwas andere Kategorie als das Herbeiwünschen einer Villa auf Mallorca, wie ich es neulich bei einer Influencerin gesehen habe (in dem Fall hat es anscheinend mirakulös »geklappt«).

Stoische Affirmationen hingegen haben Themen zum Inhalt, die in unserer eigenen Sphäre und Verantwortung liegen, anstatt etwas vom Universum oder Schicksal zu erbitten. Eine stoische Affirmation kann zum Beispiel lauten: Heute achte ich ganz bewusst darauf, wem ich meine Aufmerksamkeit schenke. Oder: Heute werde ich mich bemühen, klarer zu sehen, was unter meiner Kontrolle ist und was nicht.

Im Gegensatz zu einer optimistischen, lebensbejahenden Einstellung ist zwanghaft positives Denken aber nicht empfehlenswert und unter dem Stichwort *Toxic Positivity* zu Recht in Verruf geraten. Sich mit der Realität und auch mal einem Worst-Case-Szenario auseinanderzusetzen, beruhigt manchen ängstlichen Menschen mehr, als sich eine rosarote Brille aufzusetzen.

Die Frage ist, wie man dann tatsächlich die Person wird, die man anstrebt zu sein. Und dafür ist es unerlässlich, sich neben positiven Gedanken tatsächlich in die Welt herauszuwagen und etwas zu tun in Richtung der gesetzten Ziele. Nur gute Gedanken reichen eben nicht, erst durch die entsprechenden Handlungen werden wir unsere Ziele erreichen können. Wenn dein Ziel zum Beispiel ist, mehr Freundschaften aufzubauen oder vorhandene zu vertiefen, dann sei (oder werde) diese Freundin. Sei da für andere, bring Einsatz, hör zu und hilf aus. In dem Prozess setzt du dich zwar Rückschlägen und Enttäuschungen aus, aber immerhin warst du mutig und hast versucht, eine bessere Version deiner Selbst zu werden. Und wie schon besprochen ist der Prozess alles, was wir unter unserer Kontrolle haben. Mark Aurel erinnert sich selbst daran: »Du musst dein Leben selbst zusammensetzen – Tat für Tat. Und zufrieden sein, wenn eine ihr Ziel erreicht, so gut sie kann. Niemand kann dies verhindern.«

6.1.2 Vorbereitet sein

Für Wunschdenken gibt es aus stoischer Sicht keine Daseinsberechtigung. Die Welt dreht sich nicht um uns und existiert nicht, um genau *unsere* Wünsche zu erfüllen. Das wäre ein egofixiertes Weltbild. Epiktet drückt sich klar aus: »Verlange nicht, dass das, was geschieht, so geschieht, wie du es willst, sondern wünsche vielmehr, dass es so geschieht, wie es geschieht, und du wirst ein gelingendes Leben haben.« Wenn wir uns allerdings unrealistische Dinge wünschen, graben wir uns schon selbst die Grube unserer Enttäuschung. Was auch sehr stark gegen »das Geheimnis« um manifestierendes Denken spricht, ist die Tatsache, dass nach dieser Logik Menschen, die trotzdem krank werden oder bleiben oder nicht aus der Armut herauskommen, selbst an ihrem Schicksal die Schuld tragen. Hätten sie mehr oder besser manifestiert, befänden sie sich schließlich nicht in dieser Lage. Das Universum schuldet uns nichts, genauso wenig bestraft es uns aber für negative Gedanken.

Um möglichst gut auf die unvermeidlichen unangenehmen Situationen vorbereitet zu sein, raten die Stoiker dazu, sich im Vorhinein zu überlegen, um was für eine Situation es sich genau handelt. Epiktet scheinen die Badehäuser der Antike ein Graus gewesen zu sein. Er schreibt: »Willst du baden gehen, so stell dir vor, wie es in einem Badehaus zugeht, dass die einen mit Wasser spritzen, die anderen drängeln, andere schimpfen, wieder andere stehlen.« Wenn wir uns die möglichen bis wahrscheinlichen Ärgernisse einer auf uns zukommenden Situation vor Augen halten, kann uns das helfen, dann, wenn sie uns tatsächlich begegnen, nicht mehr ärgerlich oder frustriert zu reagieren. Die Vorbereitung mindert die Wucht des Einschlags. Ein Wartezimmer beim Arzt ist eben eine beengte, eine beliebige Anzahl von Mitmenschen mit unberechenbarer Laune beinhaltende Situation, die sich willkürlich in die Länge ziehen kann. Ähnliches gilt für eine Bahnfahrt oder einen Behördentermin. Besser darauf vorbereitet sein, als sich in der Annahme zu wiegen, dass diesmal alles angenehm und glatt laufen wird. Wenn es dann doch anders kommt – umso besser.

Dass du die Verantwortung für deine Reaktionen auf äußere Umstände übernimmst, darf dich als Stoikerin allerdings nicht dazu verleiten, denselben Maßstab an andere anzulegen. Wenn sich andere aufregen oder jammern, ist das ihre Sache und betrifft dich nicht. Es ist dann allerdings deine Aufgabe, sie und ihr Gequengel zu ertragen. Stoizismus ist eine persönliche Lebensphilosophie, bezogen auf den eigenen Lebensweg, und sollte nie dazu dienen, sich über andere zu stellen oder ihnen eine Opfermentalität zu unterstellen.

6.2 Amor Fati

Kommt dir das bis jetzt alles zu fatalistisch vor? Dass du an einen Karren namens Schicksal gebunden bist und deine einzigen Optionen sind Mitlaufen oder Mitgeschlepptwerden? Es kommt noch dicker: Nach der stoischen Idee, die bei Friedrich Nietzsche unter dem Begriff *Amor fati* (Latein für »Liebe zum Schicksal«) bekannt geworden ist, soll man sein Schicksal nicht nur annehmen und akzeptieren, sondern sogar lieben. Wir sollen lieben (lernen), dass sich unser Leben entfaltet, wie es dies nun mal tut, und dass unser Leben durch ständige Veränderung geprägt ist.

6.2.1 Den tieferen Sinn sehen

Die Stoiker waren davon überzeugt, dass alles, was passiert, sinnvoll ist und im Endeffekt zum Besten für den gesamten Kosmos erfolgt. Das fühlt sich für einen persönlich zwar dann nicht so an, wenn man gerade diejenige ist, die vom Unglück heimgesucht wird, aber so ist das stoische Weltbild. Alle Dinge sind miteinander kausal verknüpft, bedingen einander *(symphateia)*. Ob alles, was geschieht, aus einer höheren Vernunft heraus geschieht oder Ergebnis willkürlicher Abläufe ist: Es scheint mir zumindest wahr, dass wir im Moment unseres Unglücks dazu tendieren auszublenden, dass wir nicht wissen können, wie sich dieses Ereignis auf unser Leben als Ganzes auswirken wird. Wir verfügen nicht über die Weitsicht, einschätzen zu können, was Glück und was Unglück ist. Dafür müsste man schließlich hellsehen können. Deswegen spricht einiges für eine abwartende, offene Haltung.

Illustriert wird so eine Haltung in der berühmten Parabel des chinesischen Bauern: Dem Bauern läuft eines Tages sein Pferd weg. Seine Nachbarn rufen ihm zu, wie schrecklich dieser Verlust seines wertvollsten Besitzes sei, er aber meint nur: »Vielleicht ja, vielleicht nein. Wer weiß das schon.« Wenig später kehrt das Tier zu ihm zurück und hat sogar ein Wildpferd im Schlepptau, sodass die Nachbarn entzückt und neidisch ausrufen, was für ein Glücksfall das doch sei. Der Bauer erwidert wieder nur: »Vielleicht ja, vielleicht nein. Wer weiß das schon.« Kurze Zeit darauf reitet der einzige Sohn des Bauern das Wildpferd, stürzt und zieht sich einen komplizierten Beinbruch zu. Die Nachbarn sind mitleidig und lassen den Bauern wissen, wie schrecklich dieser Unfall doch sei. Dem Bauern ist erneut nur ein »Vielleicht ja, vielleicht nein. Wer weiß das schon« zu entlocken. Und schließlich kommt eine Soldatengruppe in das Dorf des Bauern und will den Sohn zum Kriegsdienst einziehen. Wegen des gebrochenen Beines ist das aber unmöglich, der Sohn bleibt verschont.

Das gebrochene Bein und alles, was kausal dazu geführt hatte, war also, was auf Englisch ein *blessing in disguise* genannt wird – wir nennen es Glück im Unglück. Was das mit Stoizismus zu tun hat? Die Stoiker würden sagen, dass wir einem Fehlurteil unterliegen, indem wir einem bestimmten Ereignis eine negative Bedeutung zuschreiben, da wir nicht wissen, wie es sich auswirken wird. Wenn wir dem Ereignis eine negative Bedeutung zuschreiben, machen wir es zu etwas, das es nicht ist.

Vor einem Jahr habe ich eine enge Freundin intensiv begleitet, während sie sich von ihrem Partner getrennt hat. Wenn einem jemand so nahesteht, dann fühlt man die Verzweiflung und den Schmerz des anderen Menschen körperlich: in diesem Fall die große Enttäuschung, die sich einstellte, weil die »heile Familie«, die sie ihren Kindern so gerne bieten wollte, zerbrach, und den Kummer darüber, dass der Einsatz und Kampf um die Beziehung einseitig war. Zu dieser Zeit sah meine Freundin nur noch schwarz. Ich habe sie kaum wiedererkannt, so leer und tieftraurig schleppte sie sich durch jeden Tag. Sie hinterfragte sich und ihre Entscheidungen auf eine ganz fundamentale Art und Weise. Zeitsprung zu heute, ein Jahr später: Es sind emotionale Narben vorhanden, eine neue Fragilität, aber meine Freundin hat ihr Lachen wiedergefunden. Sie schmiedet Pläne und gestaltet ihr Leben. Auch die Beziehung zu ihren Kindern ist besser als zuvor, denn die vermeintlich heile Familie hatte es auch zuvor schon lange nicht mehr gegeben. Sie sagt, sie könne nun mehr die Mutter sein, die sie sein möchte. Sie sagt, dass sie die Trennung als positiv empfindet, als wichtigen und richtigen Schritt in ihrem Leben.

Mein geliebter Opi pflegte immer zu sagen: Wenn eine Tür zugeht, geht irgendwo ein Fenster auf. Eine neue Chance tut sich auf, ein anderer Weg als der, den wir ursprünglich geplant hatten. Soll das heißen, dass es gar keine schlechten Ereignisse gibt, sondern sich alles irgendwann als Segen erweisen wird? Das wäre etwas zu weit gegriffen, ein Zweckoptimismus, der fast zynisch (im modernen Verständnis des Wortes) anmutet. Aber es lohnt sich, einmal innezuhalten und sich zu fragen, ob wir nicht annehmen, mehr zu wissen, als wir tatsächlich tun, über unsere Zukunft, unseren Lebensweg und unsere Schritte im Leben.

6.2.2 Sich überwinden

Den ersten praktischen Schritt, den wir tun müssen, wenn wir in einen neuen Tag starten, ist, aus dem Bett aufzustehen. Und schon da erwartet uns die erste Herausforderung. Weil wir heute nicht wollen. Weil wir eine vollkommen unerholsame Nacht hinter uns haben und sich unser Körper anfühlt, als wären wir von einem Lastwagen überfahren worden. Weil es draußen kalt und hier unter der Bettdecke warm und gemütlich ist. Und mit dieser Gefühlslage befinden wir uns in guter Gesellschaft, Kaiser Mark Aurel war offensichtlich auch nicht gerade ein Morgenmensch:

»Wenn du Schwierigkeiten hast, bei Tagesanbruch aus dem Bett zu kommen, sage dir: ›Ich muss zu meiner Arbeit als menschliches Wesen. Was soll ich mich beklagen, wenn ich tue, wofür ich geboren worden bin – für jene Dinge, für die ich auf dieser Welt bin? Oder ist es das, wofür ich geschaffen wurde? Mich unter der Decke zu verkriechen, wo ich es wärmer habe?« So schreibt er in sein Tagebuch an der Front im Krieg gegen die Germanen. Der Tag, der ihn erwartete, war vermutlich noch etwas unangenehmer als der unsrige. Nicht nur befand er sich im Krieg, es herrschte auch die nach ihm (Marcus Aurelius Antoninus) benannte Antoninische Pest, eine Seuche, die ein Massensterben mit sich brachte und an der der Kaiser selbst vermutlich verstarb. Trotzdem motivierte sich der Kaiser, seine Pflicht als Herrscher über das Weltreich anzutreten und die Bettdecke beiseitezuschieben.

Unsere Pflicht anzunehmen ist eine Pflicht, die gleichzeitig auch ein Privileg ist, denn immerhin sind wir am Leben, zwar müde, aber grundsätzlich gesund. Dieser Gedanke kann uns helfen, die Beine aus dem Bett zu schwingen und uns dem Tag zu stellen. Wir sind eben nicht dafür gemacht, den Tag im Bett zu vergammeln (auch wenn das ab und zu natürlich sein und dann auch genossen werden darf), sondern unsere Arbeit als Mensch zu tun. Unsere Arbeit in all unseren selbst gewählten und den uns zugewiesenen Rollen. Also raus aus den Federn und rein in den Tag.

6.3 Stoische Dankbarkeit

Eine Dankbarkeitspraxis zu haben gehört neben den bereits erwähnten Affirmationen auch zu einem der heutigen Lifestyle-Trends. Solange diese Praxis authentisch ist (man sich also nicht nur getreu dem Motto »*Fake it till you make it*« einredet, für etwas dankbar zu sein, aber tief in sich nichts dergleichen empfindet) und man sich in ihr nicht ständig mit anderen vergleicht (ja, im Vergleich zu weniger privilegierten Menschen geht es uns hier gut, viele fühlen sich allerdings trotzdem unglücklich oder einsam), handelt es sich nachgewiesenermaßen[12] um eine hilfreiche Übung, die Stress reduzieren und das eigene Wohlbefinden verstärken kann.

Auch in der stoischen Philosophie spielt Dankbarkeit eine große Rolle. Sie ist eng verbunden mit dem Konzept von Amor Fati – wir üben uns darin, dankbar zu sein für das, was wir haben. Und das gilt sogar für die harten Zeiten, die Herausforderungen. Auch und gerade schwierige Umstände in unserem Leben prägen uns und machen uns erst zu den Menschen, die wir heute sind. Es ist schwer, sich das zu vergegenwärtigen, wenn wir gerade mit der Grippe im Bett liegen oder uns durch eine schmerzhafte Trennung kämpfen. Vielleicht kann ein Funke dieser Idee trotzdem glimmen.

6.3.1 Dankbarkeit für das, was ist

Dankbarkeit setzt den Perspektivwechsel im Kopf voraus: Weg von einem Mangeldenken, weg von Gedanken und dem Wünschen von Dingen, die wir nicht oder noch nicht haben, und hin zu einer Besinnung auf und Wertschätzung der Dinge, die wir schon in unserem Leben haben. Wahrer Reichtum zeichnet sich in der stoischen Philosophie nicht etwa dadurch aus, dass wir viel haben, sondern dass wir wenig brauchen und uns an den Dingen erfreuen, die wir haben. Das läuft der Konsumgesellschaft diametral entgegen, ein Horrorszenario für die Wirtschaft. Dadurch, dass wir unsere Wünsche auf das Jetzt und Hier, unsere gegenwärtige Situation richten, können wir aus der hedonistischen Tretmühle aussteigen: Wir brauchen gar nicht mehr oder etwas anderes, das uns dann wiederum nur für kurze Zeit Befriedigung und »Glück« beschert.

Der Moderne Stoiker William B. Irvine kommt zu diesem Gefühl der Dankbarkeit für solche Dinge, die er gerne für selbstverständlich nimmt, indem er sie sich für einen kurzen Moment wegdenkt. Er nennt diese Praxis »negative Visualisierung«. Die Übung sieht beispielweise so aus, dass wir uns vorstellen, dass ein böser Zauber plötzlich unsere warme Dusche verschwinden lässt. Wir stehen da mit einem kalten Waschlappen wie unsere Vorfahren jahrhundertelang vor uns. Wie schön ist der Moment, in dem wir den Strahl voll aufdrehen und das warme Wasser über unseren Körper laufen lassen und genießen können.

Mark Aurel schreibt dazu: »Behandle alles, was du nicht besitzt, als nichtexistierend. Sieh dir an, was du hast, was dir am wichtigsten ist, und denk daran, wie sehr du diese Dinge begehren würdest, wenn du sie nicht besäßest. Aber sei vorsichtig. Lass dich nicht zu der Befriedigung verleiten, sie zu sehr wertzuschätzen – sodass es dich stören würde, wenn du sie verlörest.« Und da ist sie schon, die Einschränkung: Wir müssen uns über die Vergänglichkeit unserer liebgewonnenen Besitztümer im Klaren sein. Unser Besitz, unser derzeitiger Status und leider auch die Menschen, die wir lieben, sind sterblich und können uns jederzeit entrissen werden. Heißt das, dass wir sie deswegen weniger lieben sollen? Nein, das tut es nicht. Aber wir sollen sie wertschätzen und die Zeit mit ihnen genießen, die uns gegeben ist. Damit wir es später nicht bereuen müssen, wenn die Zeit dafür vorbei ist.

6.3.2 Dankbarkeit für Herausforderungen

Müssen wir jede Herausforderung als Chance für etwas Neues sehen? Das klingt so anstrengend. Manchmal will man sich einfach nur hinlegen, jammern und sich ein bisschen selbst bemitleiden. Und das ist auch in Ordnung, bis zu einem gewissen Punkt. Dann setzt aber vielleicht doch die Einsicht ein, dass das, was uns passiert ist, Teil des Lebens ist und man irgendeinen produktiven Weg finden sollte, damit umzugehen. Selbstmitleid und sich hängen lassen hat nur eine begrenzte Halbwertszeit. Irgendwann muss man sich die Haare waschen und ins Leben zurückkehren. Und warum es nicht mit dem Gedanken probieren, dass auch hier etwas Neues wachsen kann.

Die Stoiker waren davon überzeugt, dass wir in jeder schwierigen Situation eine Chance haben, uns zu beweisen. Mark Aurel erinnert sich und uns daran, dass es kein Unglück ist, dass eine schwierige Situation eintreten musste, sondern ein Glück, dass sie geschehen ist und er davon unberührt blieb. Die Situation zu ertragen und zu überstehen ist seiner Ansicht nach sogar ein großes Glück. Eine herausfordernde Situation gibt uns die Möglichkeit zu wachsen, über das hinauszuwachsen, was wir bislang für möglich hielten. Der Kaiser war überzeugt, dass wir Menschen anpassungsfähig, wandelbar und von innen heraus stark sind: »Der Geist passt sich an und verwandelt so das Hemmnis nach seinen Zwecken. Das Hindernis unseres Handelns wird zur Triebfeder des Tuns. Was im Weg steht, wird der Weg.« Dafür müssen wir allerdings raus aus der vermeintlichen Wohlfühl-Opferrolle, in der wir jammernd auf der Couch sitzen, und rein in die aktive Lösungssuche. Oft sind wir über uns selbst überrascht, über die Kräfte, die wir entwickeln können, wenn es hart auf hart kommt. Und sind zu Recht stolz darauf.

Es gibt einige wenige Menschen, die tatsächlich jahrzehntelang kein einziger Schicksalsschlag ereilt. Sie und ihre Lieben sind gesund, sie haben ein behütetes Elternhaus, finanzielle Sorglosigkeit und vielleicht haben sie als Kirsche auf der Torte auch noch ein sonniges Gemüt und können all das genießen. Den Stoikern täten diese Menschen trotzdem leid. Warum? Weil diese Glückskinder keine

Möglichkeit haben, sich zu beweisen. Durch mangelnde Übungsmöglichkeit wissen sie nicht, wozu sie überhaupt fähig wären. Seneca vergleicht Menschen, die Schicksalsschlägen ausgesetzt sind, hingegen mit Bäumen, die fest und stark werden gerade durch die Erschütterung und deren Wurzeln sich genau dadurch tiefer in das Erdreich einsenken.

In einer Analogie zum Sport sehen die Stoiker Hindernisse und Herausforderungen als Trainingsmöglichkeiten. Indem wir schwierigen Situationen ausgesetzt sind, wird uns die Gelegenheit gegeben, unsere Kraft überhaupt erst auszubauen. Dadurch, dass wir den Umgang mit Schwierigkeiten üben, sind wir besser vorbereitet, wenn uns ein großer Schicksalsschlag erwischt. Wir bauen innere Kondition auf, längeren Atem. Und wie eine fähige Athletin sind auch wir ausgestattet mit allem, was wir für die uns bevorstehende Herausforderung benötigen. Nichts im Leben kann uns zustoßen, für das wir nicht die innere Kapazität haben, es zu ertragen.

6.3.3 Kosmische Dankbarkeit[13]

Neben den persönlichen Dingen, für die wir dankbar sein können, wie unsere Familie, Freunde, das Dach über dem Kopf oder das gute Essen, ist der stoischen Philosophie eine Art kosmische, metaphysische Dankbarkeit immanent. Es geht darum, Dankbarkeit und auch ein Stück weit Demut zu empfinden dahingehend, dass wir ein Teilchen in diesem wunderbaren Kosmos sein dürfen, und zu bewundern, wie wunderschön und in sich perfekt dieser konzipiert ist. Die Stoiker waren Pantheisten, das heißt, für sie waren Gott und die Natur gleichzusetzen. Für sie steckte ein kleiner göttlicher Funke in uns Menschen. Wir sind alle Teil eines großen Ganzen. Wer schon einmal einen Sonnenaufgang in voller Schönheit betrachtet oder das Panorama der Alpen auf sich hat wirken lassen hat, der weiß, wie überwältigend die Erfahrung sein kann. Wie klein und trotzdem geborgen fühlen wir uns, wenn wir auf dem Rücken liegend in einen klaren Sternenhimmel hinaufblicken. In solchen Momenten, in denen Ehrfurcht und Bewunderung zu spüren sind, ist das, was die Stoiker mit kosmischer Dankbarkeit meinen, gegenwärtig.

6.4 Das Handeln unter Vorbehalt

Wenn wir den stoischen, realistischen Blick auf die Welt mit der Dichotomie der Kontrolle kombinieren, kommen wir zu einem praktischen Anwendungsbeispiel von Stoizismus im Alltag: dem Handeln unter Vorbehalt.

Was versteckt sich hinter diesem Begriff? Es geht darum, bei allem, was wir vorhaben, einen kleinen Vorbehalt einzubauen, der da lautet: »Wenn es das Schicksal so will.« Ich werde am nächsten Wochenende mit meinen Freundinnen auf einen Städtetrip gehen, wenn es das Schicksal so will. Ich werde meine Projektarbeit termingerecht abliefern, wenn es das Schicksal so will. Ich werde Weihnachten mit meiner ganzen Familie feiern, wenn es das Schicksal so will.

Durch diese Einschränkung sichern wir uns geistig ab angesichts der Erkenntnis, dass wir nur beschränkten Einfluss auf den geplanten Ausgang unserer Unternehmungen und Pläne haben. Der Städtetrip kann durch einen Bahnstreik unmöglich gemacht werden. Wir oder Menschen, um die wir uns kümmern, können jederzeit krank werden. Das Wetter kann uns einen Strich durch die Rechnung machen. All diese Faktoren liegen nicht in unserer Macht, sind aber im Rahmen dessen, was vorstellbar ist und der Wahrscheinlichkeit nach auch häufig vorkommt. Äußere Umstände ändern sich, die Umwelt nimmt keine Rücksicht auf unsere Vorhaben. So sehr wir es auch wollen, die Planbarkeit unseres Lebens ist sehr eingeschränkt.

Sind wir uns dieses Umstandes nicht bewusst und planen ohne Einschränkung, so trifft uns die Enttäuschung umso härter, wenn ein Plan, auf den wir uns fest eingestellt und gefreut haben, nicht in die Realität umzusetzen ist. Oft tendieren wir dann dazu, die Schuld bei uns zu suchen, sogar für Umstände, die komplett außerhalb unserer Einflusssphäre liegen. Zielloses Grübeln setzt ein, hätte, wäre, könnte man die Vergangenheit ändern. Das lässt sich zu großen Teilen vermeiden, wenn man sich im Vorfeld mit der Möglichkeit, dass ein Vorhaben schiefgeht, auseinandergesetzt hat.

Nicht nur fallen wir nicht so hart, wenn wir uns innerlich schon einmal mit der Möglichkeit beschäftigt haben, dass unser Vorhaben trotz bester Bemühungen unsererseits nicht gelingen könnte – wir sind auch in der Lage, flexibler und selbstbestimmter auf die neue Situation zu reagieren, anstatt in demotivierter Schockstarre zu verharren. Wir haben mental vielleicht sogar schon einen Plan B, eine Alternative, die möglicherweise nicht so perfekt ist wie unser ursprünglicher Plan, aber zumindest akzeptabel.

Das Konzept des Handelns unter Vorbehalt ist in ähnlicher Form auch in anderen Weisheitstraditionen und Religionen zu finden, so zum Beispiel im Christentum, wenn es heißt »So Gott will« oder bei den Muslimen mit dem Ausspruch »In schā' Allāh«. Es handelt sich nicht um eine Art Zweckpessimismus oder fatalistische Weltsicht nach dem Motto »Das funktioniert ja sowieso wieder nicht«. Es geht lediglich darum, sich allezeit vor Augen zu halten, dass die

Welt komplex ist und wir als kleines Rädchen im Getriebe nur einen gewissen Einfluss haben. Es ist eine realistische Betrachtung der Dinge, keine resignierte.

6.5 Leben und Sterben

In unserer Gesellschaft wird nicht viel übers Sterben gesprochen. Viele von uns haben noch nie einen sterbenden oder toten Menschen gesehen. Der Tod findet hinter geschlossenen Türen statt, und das ist den meisten sehr recht so, er ist ein Tabuthema. Wenn wir mit Trauernden umgehen müssen, sind wir überfordert und ringen um Worte – oft sagt man aus Angst, etwas Falsches zu sagen, lieber gar nichts. Der Tod ist unheimlich, unberechenbar und grausam endgültig. Da liegt es nahe, den Gedanken an ihn zu verdrängen und sich lieber mit den schönen Seiten des Lebens zu beschäftigen.

Seneca hatte, wie viele andere Stoiker, eine andere Einstellung zum Sterben. Er sagt: »Leben zu lernen, dazu gehört das ganze Leben, und, was du vielleicht noch wunderbarer finden wirst, sein Leben lang muss man sterben lernen.« Er ist der Meinung, dass wir uns intensiv mit dem Tod beschäftigen sollten, und zwar nicht nur mit dem unserer Mitmenschen, sondern vor allem auch mit unserem eigenen. Und zwar schon deswegen, weil der Tod, anders als manch andere Ereignisse im Leben, nicht nur eventuell eintreten wird, sondern ganz bestimmt. Ob früher oder später, wissen wir nicht, nur dass er es tun wird. Wegen dieser Unausweichlichkeit macht es keinen Sinn, vor dem Thema die Augen zu verschließen.

Um uns die Angst vor dem Tod zu nehmen, gehen die Stoiker wie gewohnt klar und analytisch vor: Zunächst sind wir noch nicht gestorben (Nahtoderfahrungen zählen nicht), wir wissen also nicht, ob der Tod tatsächlich schrecklich ist oder uns nur so erscheint. Reine Vermutungen sind außen vor zu lassen. Sie betrachten den Tod auch nicht als ein einziges Ereignis, sondern vielmehr als einen linearen Prozess: Wir sterben alle jeden Tag ein kleines bisschen. Alle Lebenszeit, die bereits hinter uns liegt, ist unwiederbringlich vorbei. Darum müssen wir auch den letzten Tag nicht fürchten, da jeder Tag zuvor bereits ein kleiner Tod gewesen ist. Und über den haben wir uns schließlich auch nicht exzessiv gegrämt, sondern ihn verstreichen lassen wie bereits so viele andere vor ihm.

Die stoische Praxis, über den eigenen Tod zu reflektieren, ist bekannt unter dem Begriff *Memento mori*, was so viel heißt wie »Sei dir der Sterblichkeit bewusst« (vgl. Übung 5 in Teil 2, *Memento mori*). Aktiv über die eigene Vergänglichkeit nachzudenken hat den angenehmen Effekt, dass wir es sehr viel mehr zu schätzen wissen, dass wir – und unsere geliebten Mitmenschen – noch am Leben sind. Das Ergebnis der Reflexion ist also keine deprimierte Endzeitstimmung, sondern der lebensbejahende Gedanke: Ich atme, ich denke, ich fühle, ich bin am Leben. Ich kann diesen Tag, diese Stunde nutzen, um etwas zu bewirken. Der Gedanke an den Tod wird zur Inspiration dafür, bewusster, intensiver und dankbarer zu leben. Nichts aufzuschieben, das man später bereuen würde. Prioritäten zu setzen. Damit man nicht am Ende des Lebens zu den Unglücklichen gehört, die Palliativpflegerinnen wie Bronnie Ware ihr Herz ausschütten müssen und über ihre verpassten Chancen klagen.

Mark Aurel hat sich in den *Selbstbetrachtungen* besonders viel mit dem Thema Tod auseinandergesetzt. Das mag daran liegen, dass er am Rande des Schlachtfeldes geschrieben hat und von Tod und Zerstörung umgeben war. Oder daran, dass er sich eher am Ende seines Lebens befand. Es hat ihn vermutlich auch maßgeblich geprägt, dass von den dreizehn Kindern, die er mit seiner Frau Faustina hatte, acht Kinder starben. Selbst wenn man im Hinterkopf hat, dass die Kindersterblichkeit damals durch mangelhafte Hygiene und das Fehlen von Medikamenten wie Antibiotika sehr hoch war, scheint das eine sehr hohe Zahl und einen unermesslichen menschlichen Schmerz auszumachen. Gerade angesichts des Todes mahnt sich Mark Aurel, im Hier und Jetzt zu leben. Er sagt sich: »Stell dir vor, du bist tot. Du hast dein Leben gelebt. Nun nimm, was davon noch übrig ist, und führe es angemessen.« Gibt es eine intensivere Art, sich zu motivieren?

Kurz gesagt

- Die Stoiker hatten eine sehr realistische Weltsicht: Schlechte Dinge stoßen früher oder später jedem Menschen zu, das Universum dreht sich nicht um uns und richtet sich nicht nach unseren Wünschen, sondern hat seinen eigenen Plan. Das zu akzeptieren ist das einzig Richtige, um nicht dauerhaft enttäuscht und unglücklich zu sein.
- Das soll uns allerdings nicht entmutigen oder auffordern, überhaupt nicht mehr aktiv zu werden – wir müssen nur lediglich einkalkulieren, dass wir nur begrenzt Kontrolle über die Ergebnisse unserer Bemühungen haben.
- Schwierige Situationen sind eine Chance, an ihnen zu wachsen und gestärkt aus ihnen herauszugehen. Wir wissen oft nicht, was für Auswirkungen ein auf den ersten Blick negatives Ereignis in unserem Leben langfristig auf unseren Lebensweg haben wird.
- Als Stoikerin ist man dankbar für alles, was man hat, selbst für die harten Zeiten. Gleichzeitig ist man sich stets seiner Vergänglichkeit bewusst.

Kapitel 7

Emotionen

Ich stelle mir vor, wie der berühmte Psychologe und Psychotherapeut Albert Ellis in seiner Therapiepraxis in New York, irgendwann in den 1950er-Jahren, im Gespräch mit einer Patientin sitzt. Die Patientin leidet. Sie sagt, sie würde ja gerne anders handeln, aber das ginge nicht, es sei eben, wie sie fühle. Ellis schaut sie an und fragt sie mit ruhiger Stimme: »Aber ist es nicht auch, wie du denkst?« Albert Ellis ist der Begründer der Rational-Emotiven Verhaltenstherapie (REVT), einer Therapieform, die als ein Vorläufer von KVT, der kognitiven Verhaltenstherapie, wie wir sie heute kennen, gilt. REVT beruht auf der Annahme, dass äußere Umstände nicht unmittelbar eine Emotion oder ein Verhalten auslösen, sondern Interpretationen beim Empfänger auslösen, die wiederum dann zu bestimmten Verhaltensweisen oder Gefühlen führen. Wenn unsere Annahmen irrational und negativ sind, führt das zu negativen Gedanken und Gefühlen bis hin zu Depressionen oder Angststörungen.

Was das mit Stoizismus zu tun hat? Sehr viel, denn sowohl Albert Ellis als auch der Begründer der Kognitiven Therapie, Aaron T. Beck, nennen die stoische Philosophie als maßgebliche Inspiration für ihre Therapieformen.[14] Die Stoiker haben sich sehr viel mit der Psychologie des Menschen beschäftigt, und ihre Annahmen und Schlussfolgerungen sind heute noch genauso zutreffend wie damals. Es hat sich einiges auf der Erde getan in den letzten 2000 Jahren; die Welt und die Gesellschaft, in der wir heute leben, sehen vollkommen anders aus als die der Antike. Die menschliche Psyche aber ist unverändert. Dass die Annahmen der Stoiker nach wie vor Geltung haben, macht sie zu einem typischen Beispiel für ein Phänomen namens Lindy-Effekt. Dieser besagt: Je länger ein nichtvergängliches Gut (in dem Fall Wissen) existiert, umso größer ist die Wahrscheinlichkeit, dass es auch in der Zukunft noch Bestand haben wird. In der Wirtschaft heißt das beispielsweise, dass die Chance, dass ein 50 Jahre altes Unternehmen in 5 Jahren noch besteht, höher ist als bei einem 5 Jahre alten Start-up. Die Lehren des Stoizismus sind ein treffendes Beispiel für den Lindy-Effekt, da sie den Test der Zeit überstanden haben.

7.1 Emotionen als Werturteile

Für die Stoiker waren negative Emotionen, sogenannte *pathe,* also Passionen, Leidenschaften, die Wurzel allen Übels und unseres Leidens. Vor allem Emotionen wie Wut, Hass, Begierde, Neid oder Furcht stören unsere innere Ruhe und halten uns davon ab, Seelenruhe *(ataraxia)* zu erlangen und dadurch auch die beste Version unserer Selbst zu werden. Dabei betrachten die Stoiker alle Emotionen als Meinungen, Werturteile und speziell negative Emotionen als falsche Werturteile. Sie sind der Ansicht, dass wir im Fall von Furcht beispielsweise etwas für schlimm halten, das es gar nicht ist. Im Fall von Begierde halten wir etwas für erstrebenswert und gut, das eigentlich nichts von beidem ist.

Emotionen im stoischen Sinn überkommen uns also nicht einfach nur wie riesige Wellen, mit denen wir irgendwie mitschwimmen oder uns davon mitreißen lassen müssen, sondern sie sind ein Teil unseres aktiven Denkprozesses.

Die gute Nachricht dabei ist, dass Emotionen von uns ausgehende Urteile und Annahmen über unsere Umwelt sind und dass sie somit zumindest in Teilen unserem Einflussbereich unterliegen und wir sie auch ändern können.

7.1.1 *PROPATHEIA* – DIE VOR-EMOTIONEN

»Moment«, möchtest du jetzt vielleicht einwerfen. »Wenn ich rot werde vor Scham, weil ich gegen eine Glastür gelaufen bin –«, (wie es mir vor der versammelten Partnerschaft der Anwaltskanzlei, in der ich arbeitete, passiert ist), »das soll ich beeinflussen können? Wenn ich einen traurigen Film sehe und mir Tränen in die Augen schießen? Wenn mein Herz bis zum Hals schlägt und meine Hände feucht werden bei Turbulenzen im Flugzeug?«

Nein, das haben die Stoiker nicht unter *pathe* verstanden. Solche Gefühle haben auch die antiken Stoiker nicht als beeinflussbare Emotionen eingestuft. Sie nannten diese automatisch im Körper ablaufenden Prozesse vielmehr *propatheia*, Vor-Emotionen. Solche Vor-Emotionen sind einfach nur menschlich und weder gut noch schlecht, sondern moralisch neutral. Unser Körper zeigt uns mit diesen Reaktionen, dass etwas potenziell Bedrohliches passiert und wir wachsam sein sollen, was als Nächstes zu tun ist.

Die *propatheia* sind nicht in unserer Macht, im Gegenteil: Wenn wir versuchen, sie zu unterdrücken und zu verstecken, zeigen sie sich teilweise noch vehementer. Ohne irgendein medizinisches Hintergrundwissen über ihre spezielle Situation zu besitzen, könnte es sich um einen solchen Fall gehandelt haben, als Angela Merkel bei mehreren öffentlichen Auftritten 2019 plötzlich an Händen und Beinen zitterte. Anfänglich war womöglich Übermüdung die Ursache. Sie sagte jedoch, dass sie Angst davor entwickelt hatte, dass so etwas wieder passieren könnte – womöglich hat ihr Körper dann das Ruder übernommen, denn je mehr wir versuchen, die Kontrolle über etwas zu erlangen, was wir nicht kontrollieren können, desto schlimmer wird es.

Entscheidend ist also, wie unsere nächste Reaktion abläuft, nachdem die *propatheia* ihre Warnsignale gesendet haben. Was passiert in unserem Kopf nach dem ersten Schock bei der Begegnung mit der Glastür? Jetzt setzt ein Denkprozess ein. Jetzt kommt als Nächstes mein Werturteil: »Oje, das ist ja so schrecklich peinlich! Ich bin so ein blindes Huhn, alle werden sich über mich lustig machen.« Unser erster Eindruck ist »Mir ist etwas Peinliches passiert«, nun können wir entweder dem ersten Eindruck zustimmen oder unsere Zustimmung verweigern und rational gegensteuern. Vielleicht steigere ich mich weiter in diese »grauenhafte Peinlichkeit« hinein, entschließe ich mich dann als Nächstes, über das Reinigungspersonal zu schimpfen, das die Türen erst perfekt geputzt und dann geschlossen hat. Oder vielleicht erkenne ich, dass mir bis auf die leicht geprellte Nase nichts Schlimmes passiert ist, und lache sogar über mein Missgeschick?

Bei Scham oder auch bei den anderen negativen Gefühlen gingen die Stoiker aber nicht davon aus, dass man nur einen inneren Hebel umlegen müsse und beschließen könne, es einfach nicht mehr zu empfinden. So einfach ist es nicht. Wir müssen aktiv an uns und unseren Meinungen über andere und die Umwelt arbeiten, um negative Gefühle gar nicht erst aufkommen zu lassen. Dieser letzte Teil ist wichtig, denn es geht, wie bei meinem Kapitel über Vorurteile gegen Stoizismus schon beschrieben, nicht darum, Gefühle zu unterdrücken, sondern seine innere Einstellung dahingehend zu verändern, dass diese Art von Gefühlen weniger häufig entsteht.

Das heißt natürlich nicht, dass wir ein Leben komplett ohne negative Emotionen führen können. Negative Gefühle sind wichtig, weil sie wie eine Alarmanlage des Körpers fungieren und uns sagen: Stopp, hier stimmt etwas nicht. Hier ist ein Thema, mit dem du dich beschäftigen musst. Auf das Störgefühl zu achten ist wichtig. Etwas ist nicht im Einklang mit unseren Werten, mit dem, wie wir uns wohlfühlen in dieser Welt. Dem sollten wir auf den Grund gehen. Ein sehr neugieriger, zugewandter Umgang mit unseren Gefühlen ist das.

7.1.2 Durch Emotionen zur Selbsterkenntnis

Wie wir über unsere Umwelt denken, bestimmt, wie wir sie wahrnehmen. Wenn wir unsere Gefühle aufmerksam beobachten, lernen wir im Umkehrschluss also, wie wir denken. Was macht uns genau an einer bestimmten Situation wütend? Warum schämen wir uns in einer anderen? Und wo kommt das stechende Gefühl von Neid her, das wir einer bestimmten Person gegenüber empfinden? Haben wir diese Dinge unter unserer Kontrolle oder versuchen wir, Dinge zu beherrschen, die nicht in unserer Macht stehen?

Diesen Fragen auf den Grund zu gehen ist ein langer und aufwendiger Prozess mit viel Selbsterforschung auf dem Weg und potenziell Selbsterkenntnis am Ende des Weges. Die Selbstreflexion erfordert ein hohes Maß an Achtsamkeit (die Stoiker nannten diese *prosoche*). Nur wenn wir aufmerksam unseren Gefühlen gegenüber sind, wenn wir eine aufkommende negative Emotion so früh wie möglich als solche wahrnehmen, haben wir die Chance, uns damit rational auseinanderzusetzen und sie möglicherweise auszubremsen, bevor sie Unheil anrichten kann.

Die Sicht, dass Emotionen Werturteile sind, beinhaltet auch, dass wir verantwortlich sind für unsere Launen. Wenn wir uns gehen lassen und uns in Wut oder Frustration hineinsteigern, dann wollen wir das zu einem gewissen Teil. Die Stoiker wollen, dass wir bei uns anfangen und nicht die Schuld bei anderen suchen. Das ist fordernd, aber es ermächtigt uns gleichzeitig, gibt uns volle Handlungsfähigkeit in unserem Leben. Und die Auswirkungen, die es hat, weniger negative Gefühle und Gedanken zu haben, sind immens. Wir sind ausgeglichener und ruhiger und können die ganze Zeit, die wir ansonsten mit Grübeln, Rache schmieden, uns schämen, uns fürchten, Neiden und anderen unschönen Gefühlslagen ausgefüllt haben, mit erfreulichen Beschäftigungen füllen.

7.1.3 Gute Emotionen

Gibt es auch Emotionen, die aus stoischer Sicht gut und gesund sind? Definitiv, denn die Stoiker waren, wie gesagt, keine gefühlskalten Roboter, sondern Menschen in der Mitte des Lebens mit Familien, Freundinnen und Freunden und Verantwortung in ihren Gemeinschaften. Sie nannten die positiven Gefühle, die wir kultivieren sollen, *eupatheiai*. Dazu zählten Gefühle wie Freude, Liebe oder Dankbarkeit und Fröhlichkeit. Für diese Gefühle haben wir mehr Platz in unserem Leben, wenn wir die negativen Gefühle verringern, die uns blockieren und unseren Alltag schwerer machen, als er ist.

Im Stoizismus sind äußere Faktoren, wie ich unter Kapitel 3 »Grundlagen des Stoizismus« beschrieben habe, nicht wirklich wichtig für ein gelungenes Leben, sondern nur präferiert oder nicht präferiert. Wirklich wichtig ist nur unser Charakter, wie wir auf Dinge reagieren, ob wir uns tugendhaft verhalten und welche innere Einstellung wir zu den Dingen haben.

Dass die Stoiker Gefühle – wie wir gelernt haben, für sie gleichbedeutend mit Meinungen – wie Schuld, Scham oder Reue für sinnlos hielten und warum, habe ich schon erwähnt. Das soll nicht heißen, dass man einfach Fehler machen kann und dann fortfahren, als wäre nichts geschehen. Aus Fehlern lernen und sich vornehmen, sich zu bessern, war den Stoikern sehr wichtig. Dieser Prozess läuft allerdings ruhig und ohne emotionale Selbstgeißelung ab. Sich Vorwürfe zu machen und darin zu schwelgen ist verschwendete Lebenszeit.

Im Folgenden werden wir uns die stoische Sichtweise auf verschiedene negative Gefühle, die wir alle schon erlebt haben und deren Folgen besonders verheerend sein können, genauer ansehen, und zwar im Einzelnen Angst, Wut und Trauer.

7.2 Angst

Das Gefühl von Angst ist eines der intensivsten Gefühle, das wir haben. Es wirkt unmittelbar körperlich. Unser Puls steigt an, wir atmen schneller, manchmal fühlt es sich an, als würden wir keine Luft mehr bekommen, uns wird übel bis hin zu Erbrechen oder Durchfall, wir schwitzen. Angst ist die Warnung des Körpers, sich in Alarmbereitschaft zu versetzen, weil bald etwas Schlechtes passiert. Möglicherweise. In vielen Fällen aber auch nicht, es greift zumindest nicht unmittelbar der Säbelzahntiger an, sondern wir befinden uns in einer Alltagsituation, die nicht objektiv gefährlich ist, uns aber so erscheint.

Als Warnsystem des Körpers hat Angst grundsätzlich eine Berechtigung, doch viel zu oft machen wir uns das Leben schwer mit Ängsten und Sorgen, die überflüssig sind, weil sie keine realen Gefahren betreffen. Gehen wir beispielweise zurück zu der Präsentation, die uns bevorsteht und auf die wir uns mithilfe der Dichotomie der Kontrolle vorbereiten können. Die Angst, die wir beim Gedanken daran oder auch unmittelbar vor der dem Betreten der Bühne verspüren, ist ja keine wirkliche Gefahrenwarnung. Wir haben Angst, weil wir uns ausmalen, was alles schiefgehen könnte.

Epiktet fasst es so zusammen: »Es sind nicht die Dinge an sich, die uns beunruhigen, sondern unsere Meinungen über die Dinge.« Etwas ausführlicher erklärt der römische Philosoph Seneca seinem Freund Lucilius: »Es handelt sich häufiger um den bloßen Schrecken, der von den Dingen ausgeht, als um den wirklichen Druck, den sie ausüben; es ist mehr die Einbildung als die Wirklichkeit, unter der wir leiden.« Seneca hat dem jüngeren Lucilius insgesamt 124 Briefe geschrieben, in denen er ihm stoischen Lebensrat erteilt, heutzutage würde man bei dem Verhältnis zwischen den beiden von dem eines Mentors und seines Mentee sprechen. Seneca war ein hervorragender Analytiker der menschlichen Psyche, seine Erkenntnisse fasste er zudem in so ansprechender und bildhafter Sprache zusammen, dass er zu Recht einer der meistgelesenen Autoren der Antike ist. Er mahnt Lucilius weiter: »Sei nicht unglücklich vor der Zeit; denn was du als drohendes Unheil fürchtest, wird vielleicht niemals eintreten, ist jedenfalls noch nicht eingetreten. Manches quält uns also mehr, als es sollte; manches quält uns früher, als es sollte; manches wiederum quält uns, ohne dass es uns überhaupt quälen sollte.«

Unsere Ängste sind also laut Seneca irrational und beziehen sich auf Situationen, die eventuell bis wahrscheinlich gar nicht eintreten werden. Wir haben eine Tendenz zum Schwarzmalen, neigen dazu, uns Katastrophenszenarien auszumalen. Die Vorstellungskraft galoppiert davon, aus einem einfachen Vorgang wird eine unaufhaltbare Spirale an Schrecken und Zerstörung. Aus einem Feedbackgespräch mit kritischen Untertönen wird eine unmittelbar bevorstehende Kündigung, darauf folgen nahtlos die Arbeitslosigkeit und der soziale Abstieg. Aus einer nicht beantworteten WhatsApp-Nachricht leitet sich das sichere Wissen ab, dass die Empfängerin ein persönliches Problem mit uns hat, die gefühlte Wahrheit, dass man alles in zwischenmenschlichen Beziehungen falsch macht und bald ganz ohne Freunde dastehen wird.

Ich übertreibe jetzt etwas, aber diejenigen, die noch nicht ihre Symptome gegoogelt haben und danach überzeugt waren, nur noch wenige Monate auf dieser Erde vor sich zu haben, mögen den ersten Stein werfen. Damit ruinieren wir uns die Gegenwart, in der noch nichts von den befürchteten Horrorszenarien eingetreten ist, in der wir ruhig und gelassen weiter an unseren Projekten arbeiten könnten. Manchmal sind wir geradezu paralysiert vor Angst, fühlen uns hilflos und unfähig, irgendeine weitere Handlung in der Sache vorzunehmen. Angst fesselt uns und hindert uns, wichtige Schritte zu unternehmen.

7.2.1 Angst aus stoischer Sicht

Wichtig ist aus stoischer Sicht auch hier wieder ein großes Maß an Realismus. Die realistische Einschätzung der Situation fängt bei einer objektiven Beschreibung an. Um was für eine Lage handelt es sich wirklich, ohne schmückende, wertende Adjektive? Um was für eine Situation, wenn ich sie einem objektiven Dritten erzählen müsste? Wenn ich meine vorschnellen Werturteile, Beschreibungen wie »schrecklich« oder »unangenehm« wegließe? Dann handelt es sich zum Beispiel um ein Feedbackgespräch, in dem neben positiven Aspekten auch Bereiche angesprochen worden sind, in denen etwas nicht gut gelaufen ist oder in Zukunft anders laufen sollte. Oder um eine Nachricht, die die Empfängerin noch nicht beantwortet hat. Oder um ein Kratzen im Hals oder Kribbeln im rechten kleinen Finger.

Die Stoiker haben diese Technik in vielerlei Hinsicht verwendet, sich darin geübt, die Realität abzubilden, wie sie ist, und nicht, wie sie auf den ersten Blick hin erscheint. Mark Aurel schreibt dazu: »Mach dir stets klar, was du wahrnimmst. Ziehe seine Umrisse nach, um zu erkennen, was du wirklich siehst, seine Substanz. Nackt. Ganz. Unverändert. Und nenne das Ding beim Namen – sowohl den Gegenstand selbst als auch die Teile, aus denen er besteht und in die er wieder zerfallen wird. Nichts ist dem geistigen Wachstum so förderlich wie diese Fähigkeit zur logischen und genauen Analyse von allem, was uns widerfährt.« Die Technik ist im Modernen Stoizismus bekannt unter dem Begriff *stripping*. Dadurch, dass wir die Sache klar betrachten und in ihre Einzelheiten zerlegen, kommen wir zu einer tieferen Erkenntnis über ihren eigentlichen Zweck und sie erscheint nicht mehr so furchteinflößend.

Marie Curie, die Nobelpreisträgerin für Physik und Chemie, würde so einer Praxis eventuell zustimmen, denn von ihr stammt das Zitat: »Nichts im Leben ist zu fürchten, es gilt es nur zu verstehen.« Die gebürtige Polin war zwar keine bekennende Stoikerin, aber eine starke Frau, die sich in einer harschen Realität durchsetzen musste: Als Ausländerin und Frau war die Wissenschaftlerin zahllosen Anfeindungen und Vorurteilen ausgesetzt. Nach dem Unfalltod ihres Mannes und akademischen Mitstreiters Pierre lehrte sie als erste Frau an der Universität Sorbonne, nebenbei war sie verantwortlich für ihre beiden Töchter. Eine Frau, die uns als stoisches Vorbild dienen kann, doch dazu später mehr.

In einer uns zunächst ängstigenden Situation fragen die Stoiker: Sind diese Dinge es wirklich wert, sich zu ängstigen? Sind sie uns wirklich wichtig? Haben sie Einfluss auf unseren Charakter oder handelt es sich um externe Dinge? Epiktet würde uns dann als Nächstes erinnern, dass wir uns fragen müssen, ob diese Dinge in unserer Macht stehen oder nicht, und falls nicht, dass wir sie gedanklich gehen lassen sollen. Denn wenn unser »Sich-Ängstigen« so gar keinen Einfluss auf die gegebene Situation hat, würde es nicht Sinn ergeben, es loszulassen?

Eine weitere Übung, die die Stoiker praktizieren, um sich nicht von Ängsten beherrschen zu lassen, nennt sich *Premeditatio malorum*. Ich beschreibe sie ausführlich im Teil 2 (Übung 2: *Premeditatio malorum*), darum an dieser Stelle nur ein kurzer Überblick: Um sich auf eine unangenehme oder furchteinflößende Situation in der Zukunft vorzubereiten, geht man gedanklich das Worst-Case-Szenario durch. Im Gegenteil zum Katastrophisieren in der Panikspirale findet die *Premeditatio malorum* in einer ruhigen, unaufgeregten Atmosphäre statt. Durch die nüchterne mentale Beschäftigung mit dem Übel verliert es häufig seinen Schrecken und seine Macht über uns. Wir stellen fest, dass selbst die ausgemalte schlechteste Version der Dinge zu bewältigen sein wird. Wir machen uns klar, dass wir mit vielen Qualitäten ausgestattet sind, die erforderlich sind, um in der jeweiligen Situation zu bestehen. Uns trifft das Unheil nicht mehr unerwartet, der Überraschungseffekt ist genommen. In vielen Fällen wird die Situation, auf die wir uns gedanklich vorbereitet haben, gar nicht eintreten. Aber falls doch, sind wir vorbereitet und wissen, dass wir in der Lage sind, ihr standzuhalten. Dadurch, dass wir nicht überfordert sind, können wir die

Ruhe bewahren und besser und angemessen reagieren, statt kopflos in Panik zu geraten.

7.2.2 Angewandter Stoizismus

Diese psychologische Vorbereitung gibt einem auch die Chance, sich tatsächlich bestmöglich vorzubereiten, also in die Aktion zu kommen. Wenn die Angst vor einer Krankheit uns umtreibt, wäre wohl der Termin bei einer tatsächlichen Spezialistin angebracht, anstatt Dr. Google zu befragen. Haben wir Angst vor einer bestimmten Situation, zum Beispiel einem Heimweg durch eine dunkle Unterführung oder der Begegnung mit einer aggressiven Person, so kann man sich auch hier praktische Hilfen überlegen, wie beispielsweise den Anruf beim Heimwegtelefon, bei dem ehrenamtliche Helfer mit der Anruferin sprechen, bis diese sich sicher fühlt.

Eine Sorge, die besonders Frauen umtreibt, ist die berechtigte Frage unserer finanziellen Situation im Alter. Weil Frauen weniger Jahre in die Rentenkasse einzahlen, während sie Kinder erziehen oder Angehörige pflegen, erhalten sie weniger Rente als Männer. Zudem arbeiten sie häufiger in Teilzeit, werden schlechter bezahlt als Männer oder arbeiten in generell schlechter bezahlten Branchen. Dieser sogenannte Gender-Pension-Gap, also die geschlechtsspezifische Altersvorsorgelücke von Frauen im Vergleich zu Männern, liegt bei ungefähr 30 Prozent, die Alterseinkünfte von Frauen sind also ein Drittel niedriger als die von Männern.[15] Ohne die Berücksichtigung von Hinterbliebenenrenten ist die aufklaffende Lücke sogar noch größer. Sich das bewusst zu machen heißt, dass wir vorsorgen müssen, anstatt den Kopf in den Sand zu stecken. Sich politisch für den Ausgleich dieser ungerechten Diskrepanz einzusetzen ist die eine Seite, sich privat mit Vermögensaufbau zu beschäftigen die andere.

Oft haben wir auch Angst vor Veränderung. Wenn wir uns herauswagen müssen aus unserer vertrauten Umgebung, unserer Komfortzone, dann fühlt sich das schnell bedrohlich und überfordernd an. Das gilt für unfreiwillige Veränderungen, die uns übergestülpt werden, in besonderem Maße, doch selbst Veränderungen, die von uns ausgehen, wie ein Umzug in eine neue Stadt oder eine Trennung von einer Person, von der wir uns aus guten Gründen lossagen wollen, kann Gefühle von Verunsicherung und Überforderung auslösen. Vielleicht haben wir in der Vergangenheit schlechte Erfahrungen mit einer neuen Situation gemacht. Vielleicht haben wir das Gefühl, nicht genügend Kraft für eine Umstellung zu haben.

Die Stoiker als alte Realisten (und gleichzeitig Optimisten) machen sich bewusst: Wandel und Veränderung sind das Normalste der Welt. Wir sind stetig im Wandel und die Welt um uns herum genauso. Das nicht zu akzeptieren heißt, sich gegen den Verlauf der Natur zu stemmen, was nicht nur kräftezehrend, sondern auch vollkommen zwecklos wäre. Mark Aurel schreibt dazu: »Angst vor Veränderung? Aber was kann existieren ohne den Wandel? Was steht dem Herzen der Natur näher? Kannst du ein heißes Bad nehmen und das Feuerholz bleibt dabei, wie es war? Eine Mahlzeit zu dir nehmen, ohne die Lebensmittel zu verändern? Kann überhaupt irgendein lebendiger Prozess stattfinden, ohne dass Wandel geschieht?« Ein stoisches Bild dieses stetigen Wandels ist ein Fluss. Zurückgehend auf den Philosophen Heraklit besagt die Flusslehre, dass wir nicht zweimal in denselben Fluss steigen können. Schon eine Sekunde später ist weder das Wasser im Fluss dasselbe – noch sind wir dieselben.

Für den Fall einer generalisierten Angststörung, also einer Erkrankung, bei der sich das Angstgefühl nicht auf wenige spezifische

Situationen konzentriert, sondern allgemein auftritt, sind diese stoischen Übungen möglicherweise auch hilfreich, ersetzen aber nicht den Gang zu einer ausgebildeten Spezialistin/Therapeutin.

7.3 Wut

Das Gefühl, das die Stoiker für das schlimmste und gefährlichste überhaupt hielten, ist die Wut. Seneca widmet ihr ganze drei Bücher in seinem Werk *De Ira*. Für ihn ist der Zorn (eine Art kontrollierte, zielgerichtete Wut) ein zeitweiliger Wahnsinn, ein Unheil, das Opfer gefordert hat wie kein anderes. Der Treiber von Krieg und Totschlag. Wenn sich der Zorn erst einmal zu seiner vollen Stärke aufgebaut hat, ist er unkontrollierbar und richtet viel Schaden an, nicht nur bei dem Menschen, gegen den der Zorn gerichtet ist, sondern auch bei der zürnenden Person selbst. Zorn ist selbstzerstörerisch und destruktiv, weil er nach Rache sucht. Wut kann die Beziehungen zu unseren Mitmenschen nachhaltig schädigen.

Wut und Zorn sind am besten im Keim zu ersticken, wir sollten diese Gefühle gar nicht erst entstehen lassen, da sie unseren Seelenfrieden nachhaltig stören und nur Verwüstung und Schmerz mit sich bringen. Kein Maß an Wut, auch nicht das geringste, ist aus seiner Sicht akzeptabel, da dieses Gefühl nicht mehr kontrollierbar ist, wenn es sich erst einmal entwickelt hat. Der Zorn, so sagt Seneca, sei erpicht auf Strafe, was aber der im Grunde guten und friedvollen Natur des Menschen widerspräche. Unser menschliches Zusammenleben sei gegründet auf Kooperation und gegenseitige Unterstützung – da habe Zorn keine Rolle zu spielen.

In unserer Gesellschaft ist das Verhältnis zum Gefühl »Wut« ein ambivalentes. Einerseits ist ein Wutausbruch ein Zeichen von

Kontrollverlust und Rohheit, andererseits sollen wir unsere Gefühle herauslassen. Man soll sich nichts mehr gefallen lassen, sich wehren gegen Aggressionen von anderen, die Wut nicht herunterschlucken. In uns länger aufgestauter, oft auch unterdrückter Zorn kann uns krank machen, unser Immunsystem baut ab, stressbedingte Krankheiten wie Bluthochdruck oder Herzrhythmusstörungen entstehen. Auch selbstzerstörerische Krankheiten wie Depressionen oder Essstörungen können die Folge sein, wenn wir unsere Gefühle hinunterschlucken. Oder wir brauchen eine Beißschiene vor lauter Zähneknirschen.

Obwohl wir oberflächlich gesittet und beherrscht miteinander umgehen, gibt es viel Wut in unserer Gesellschaft. Hauptschauplatz für Wut und aggressives Verhalten ist neben dem Straßenverkehr das Internet, wo man sich anonym austoben kann. Es gibt Wutbürgerinnen und Wutwählerinnen. Das Gefühl von Wut zuzulassen, die Wut herauszulassen und aus ihr Energie zu schöpfen, das ist eine Strategie im Umgang mit dem Gefühl. Es ist die Gegenansicht zur stoischen Einstellung, dass Wut immer und ausnahmslos schlecht ist.

In den letzten Jahren sind einige Bücher erschienen, die sich mit Wut und Frauen auseinandersetzen, mit Titeln von *Wut und Böse* über *Die Wut der Frauen* bis hin zum Roman *Die Wut, die bleibt.* Es herrscht Wut auf und gegen das Patriarchat, das sich immer noch in vielen kleinen und großen Themen das Alltags zeigt: zum Beispiel, wenn Alltagsgegenstände auf die Normmaße von Männern ausgerichtet oder medizinische Produkte und Studien auf Männer zugeschnitten sind. Wenn Frauen weniger verdienen für die gleiche Arbeit. Viel zu lange sollten Frauen überhaupt keine Wut empfinden. Sie sollten nett und angepasst sein, funktionieren und sich in ihre Rolle fügen.

Wut als Treibstoff im Einsatz für gesellschaftlichen Wandel, gegen Missstände, das ist die andere, wichtige Ebene. Wut über bestehende Ungerechtigkeit treibt uns in die Aktion, auf die Straße, in den Klimakampf. Wären die denkwürdigsten gesellschaftlichen Umbrüche eingetreten, wenn niemand einen gerechten Zorn empfunden hätte?

Ist Wut also das Übel der Menschheit schlechthin oder eine gesunde Motivation für Veränderung? Es kommt wie immer im Leben auf den speziellen Zusammenhang an. Zunächst ist ein aufkommendes Gefühl von Wut ein sehr wichtiger Hinweis und auch Warnsignal unseres Körpers: Hier stimmt etwas für uns nicht. Etwas läuft unrund, wir fühlen uns ungerecht behandelt. Wut entsteht oft, weil wir uns hilflos fühlen. Aus einem Gefühl aus Kontrollverlust heraus.

Im privaten Bereich stellt sich als Nächstes die Frage: Tun wir das zu Recht? Ist uns wirklich ein Übel zugestoßen? Eine Situation, die bei vielen Menschen schnell und häufig Wutgefühle entstehen lässt, ist der Straßenverkehr. Jemand nimmt uns die Vorfahrt, hupt uns grundlos an, schneidet unsere Spur. Sofort kocht es in uns. Was fällt dieser Unperson (meistens fallen schlimmere Ausdrücke) ein? Wir springen sofort zu der Schlussfolgerung: Das hat der oder die doch mit Absicht gemacht! Dabei trifft das nicht zwingend zu. Es gibt auch einfach wahnsinnig schlechte Autofahrerinnen. Es gibt Leute, die einen schlechten Tag haben, traurig sind, verwirrt, abgelenkt. Die Frage ist, ob wir nicht eine Einstellung von Toleranz und Akzeptanz ihnen gegenüber entwickeln können. Akzeptieren, dass es immer schlechte Fahrerinnen geben wird. Verstehen, dass wir uns in erster Linie selbst schaden, wenn wir uns wegen eines Fahrfehlers, der nicht in unserem Einflussbereich steht, aufregen. Viele Situationen, die unsere Wut hervorrufen, sind aus der Kategorie »Nichtigkeit«. Der abwertende Kommentar der Kollegin. Die umständliche Kommunikation mit der Behörde. Die Wartezeit bei der Ärztin. Dagegen etwas unternehmen, ja, aber sich aus der Ruhe bringen lassen? Das ist es einfach nicht wert.

Neben dieser Art von Alltagssituationen machen uns die Leute wütend, die wir nahe an uns heranlassen, unsere Familienmitglieder, Lebenspartner und Freunde. Hier sind wir emotional involviert, ein ganzes Potpourri an Gefühlen entsteht. Zur Wut gesellen sich Gefühle der Ablehnung, Verletzung oder Enttäuschung, die man bei bloßen Bekannten oder Wildfremden nicht hat. Mit den Eltern, Geschwistern oder dem Partner beziehungsweise der Partnerin wird es immer wieder zu Konflikten kommen. Die Frage ist, ob Wut eine gute gefühlsmäßige Grundlage ist, um diese Konflikte auszutragen. Oder ob ein ruhiges, um Rationalität bemühtes Gespräch der bessere Rahmen wäre. Ich wünschte, ich könnte sagen, dass es mir gelingt, neutral und wutfrei in all meinen Auseinandersetzungen zu bleiben, aber es wäre gelogen. Da bin ich, wie so oft, *work in progress.* In Teilen helfen mir aber die stoischen Überlegungen zum Umgang mit meiner Wut, angemessener zu reagieren, als ich es früher getan hätte.

7.3.1 Wut aus stoischer Sicht

Seneca hat in seinen *De-Ira*-Büchern einen ganzen Aggressionsbewältigungskurs niedergeschrieben. Sein erster und wichtigster Tipp: *Mora!* (Verzögerung) – die Wut gar nicht erst eskalieren, sich zu ihrer vollen Stärke entwickeln zu lassen: »Das wirksamste Mittel gegen den Zorn ist Aufschub. Fordere vom Zorn zunächst nicht, dass er verzeihe, sondern dass er sich ein Urteil bilde. Seine ersten Regungen sind heftig; er wird nachlassen, wenn man ihm Zeit lässt.

Und versuche es nicht, ihn auf einmal mit einem Hiebe zu fällen; man wird seiner ganz Herr werden, wenn man ihn stückweise in Anspruch nimmt.«

Früher hatte ich oft eine sehr kurze Reißleine, in Sekundenbruchteilen war ich von null auf 100. Ich konnte beziehungsweise wollte gar nicht mehr in Ruhe nachdenken, sondern nur noch das mir vermeintliche Unrecht sofort »rächen«. Ein Wort ergab das nächste und am Ende war ich unglücklich damit, was ich meinem Gegenüber an den Kopf geschmissen hatte. Um diese Kettenreaktion zu unterbrechen, muss ich wie ein Seismograf auf meine ersten Anzeichen von Wut achten: Verkrampfe ich? Zieht sich meine Brust zusammen? Fange ich an, in negativen, rachsüchtigen Annahmen zu kreisen? Alarmstufe rot! Ich brauche eine Intervention – durch mich selbst. Ich weiß, dass, wenn ich mich räumlich entferne oder eine zeitliche Pause einlege, ich meiner Wut den Wind aus den Segeln nehme. Manchmal reichen auch schon ein paar tiefe Atemzüge.

Dadurch, dass man die Kettenreaktion, die sich in einem aufbaut, unterbricht, vermeidet man, Dinge zu tun oder zu sagen, die man später bereuen würde. Häufig ist es so, dass man, mit zeitlichem Abstand, selbst gar nicht mehr versteht, warum man in der Situation so wütend geworden ist. Seitdem mich Dinge weniger schnell wütend werden lassen, gibt es erstaunlicherweise auch immer weniger Anlässe für Wut – oder sehe ich die Welt einfach anders?

Ein anderer stoischer Tipp ist, auf Provokationen mit Humor zu reagieren. Über viele Ärgernisse, die einem im Alltag begegnen, kann man eigentlich herzhaft lachen. Ziemlich souverän war es beispielsweise, wie Epiktet reagierte, als er erfuhr, dass hinter seinem Rücken schlecht über ihn gesprochen wurde. Er kommentierte lediglich: »Der kannte wohl meine anderen Fehler nicht, sonst hätte er nicht nur diese erwähnt.« Zugegebenermaßen gehört auch eine ordentliche Portion Schlagfertigkeit dazu, aus dem Stegreif so zu reagieren, und dieses Talent haben manche mehr, andere weniger. Oft fällt einem erst im Nachhinein ein, was für eine perfekte Antwort man hätte geben können. Man kann solche Reaktionen aber auch einüben, zum Beispiel indem man sich schon vorher überlegt, was sich im Verlauf des Tages für Widrigkeiten ergeben können und wie man auf eine unangemessene Handlung anderer Menschen reagieren könnte.

Außerdem empfehlen die Stoiker, sich selbst den Spiegel vorzuhalten und auf die eigenen Fehler zu schauen, bevor wir wütend über das Fehlverhalten anderer werden. »Wenn du mit schlechtem Benehmen anderer konfrontiert bist, wende dich ab und frage, wann du so gehandelt hast. Als du Geld für wichtig ansahst oder Lust oder Status. Dein Ärger wird verfliegen, wenn du einsiehst, dass diese Menschen unter einem Zwang handelten«, schreibt Mark Aurel. Wir machen alle andauernd Fehler, nur sehen wir über die eigenen gerne hinweg. Oder wir finden Entschuldigungen für unser eigenes Fehlverhalten: »Ich musste da kurz parken, weil es eine Ausnahmesituation war«, »Ich war unfreundlich, weil ich einen harten Tag hatte«, »Ich habe eine falsche Information weitergegeben, weil man mich nicht richtig aufgeklärt hat.« Seltsamerweise setzen wir aber einen anderen Maßstab an Nachsicht an, wenn es um das Fehlverhalten anderer Menschen geht.

Gefühle zu unterdrücken ist gesundheitsschädlich und es ist auch überhaupt nicht das, was die stoische Philosophie empfiehlt. Sie rät uns hingegen, uns mit den Gründen für unsere Wut auseinanderzusetzen, und zwar auf eine ruhige und überlegte Art und Weise. Warum fühlen wir uns falsch behandelt? Welches Werturteil versteckt sich hinter unserer Wut im Bauch? Und: Müssen wir dem ersten Eindruck, dass uns ein Unrecht getan wurde, wirklich zustimmen? Mark Aurel schreibt: »Entscheide dich, nie verwundet zu werden – und du wirst nicht verwundet. Fühle dich nicht verletzt – und du wurdest nicht verletzt.« Wir sind die Herrin über unsere innere Haltung. Richtet sich unser Gefühl gegen die falsche Tat oder gegen den, der sie begangen hat? Was ist unser Ziel? Rachsucht? Vergeltung? Davon hält Mark Aurel nichts, er schreibt: »Die beste Rache ist, nicht rachsüchtig zu sein.« Denn dadurch lassen wir uns gar nicht erst auf das Niveau des anderen herunter, beschädigen unseren Charakter nicht. Rache schadet uns auf lange Sicht hin selbst.

Wut kann Menschen zusammenbringen und gesellschaftlichen Wandel anfachen. Vielleicht ist aber auch, was Menschen antreibt, anstelle von Wut ein sehr starkes Störgefühl, ein Aufflammen des eigenen Gerechtigkeitssinns, weil eine Ungerechtigkeit stattfindet und man sich dagegen wehrt. Viele Freiheitskämpfer und -kämpferinnen sowie Aktivistinnen und Aktivisten wie Nelson Mandela oder Rosa Parks haben Ungerechtigkeit bekämpft, ohne sich von ihrer Wut leiten zu lassen. Der Kampf für Gerechtigkeit muss nicht zwingend von einem Gefühl des Zorns angetrieben, sondern kann auch von einem starken Unrechtsbewusstsein dominiert werden.

Wenn es um soziales und politisches Engagement geht, wenn eine Ungerechtigkeit geschehen ist, dann sagen die Stoiker nicht, dass wir diese hinnehmen oder akzeptieren sollen. Viele Stoiker haben aktiv am politischen Leben teilgenommen. Viele waren in Widerstandsbewegungen gegen die Herrschenden ihrer Zeit. Die Folgen waren Exil und teilweise sogar der Tod.

Gerechtigkeit ist eine anzustrebende Tugend, Ungerechtigkeit das Gegenteil. Sich dagegen zu wehren ist richtig und angemessen, allerdings nach der stoischen Ansicht mit einem kühlen Kopf und ohne Hass auf den Übeltäter als Motivation, sondern um für die gute Sache einzustehen. Je nach vorangegangener Handlung gilt es sogar, einen unrechten Menschen zu bestrafen, aber nicht aus Rachsucht, sondern zur Wiedergutmachung für vorangegangenen Schaden und um zu belehren. Seneca vergleicht das Vorgehen mit dem eines guten Richters: Dieser urteilt über schlechte Taten, aber er hasst sie nicht. Hass und Zorn setzen Unrecht seines Erachtens nur fort, statt durch Vernunft und Kooperation zu einem besseren Zusammenleben zu kommen.

Beim Thema Wut sind die Stoiker auf einer Linie mit der buddhistischen Lehre: Wut wird als zerstörerische, Leiden schaffende Emotion betrachtet. Der Philosoph und Professor der Duke University Owen Flanagan hat dazu den Dalai Lama einmal mit einem extremen Beispiel konfrontiert:[16] Wenn man die Möglichkeit hätte, in der Zeit zurückzureisen und Adolf Hitler umzubringen, bevor dieser sein Unheil über Millionen von Menschen verbreitete, sollte man das tun? Sollte man nicht angesichts des Wissens um die Schrecken des Holocausts und des Zweiten Weltkrieges genügend Wut im Bauch haben, um diesen Menschen auszulöschen (obwohl man ja als Buddhist eigentlich keinem Wesen Leid zufügen soll)? Der Dalai Lama antworte nach Rücksprache mit seinem Team: »Doch, töte ihn, aber tu es, ohne wütend zu sein.« Sein Gedanke war, dass Hitler ein unglücklicher Knoten im Verlauf der Welt war. Selbst ihm gegenüber sollte ein Gefühl von Mitgefühl dominieren statt Wut. Aus Gründen von Mitgefühl muss er sterben, Mitleid sogar ihm gegenüber und all den Menschen gegenüber, die unter seiner Grausamkeit leiden müssen.

Eine solche moralische Einstellung einzunehmen ist möglicherweise Profis und geistlichen Führern vorbehalten. Aber in unserem täglichen Leben, in dem wir meistens keinen Despoten, sondern vielen kleinen und größeren Ärgernissen begegnen, ist ein bisschen weniger Wut, zumindest dort, wo sie nicht nottut, durchaus empfehlenswert.

7.3.2 Angewandter Stoizismus

Neulich verreiste meine Freundin mit ihren beiden kleinen Söhnen mit der Bahn. Sie hatte gut geplant und weit im Voraus Plätze im 1.-Klasse-Abteil gekauft, die nur unwesentlich teurer waren als Plätze in der 2. Klasse, aber die lange Reise mit den beiden Kleinen etwas angenehmer machten, da es etwas mehr Platz für Gepäck gab und Sitzplatzreservierungen inklusive waren. Kaum betraten die drei das zugewiesene Sechserabteil, wurden sie von einer Mitte fünfzigjährigen Mitreisenden mit einem Augenrollen und schwerem Seufzer begrüßt, beides nicht sehr subtil vorgetragen. Doch damit nicht genug, die Mitreisende fühlte sich berufen zu kommentieren, dass sie »dafür« (gemeint war wohl die Anwesenheit von Kindern) ja wohl kein 1.-Klasse-Ticket gekauft hätte. Wow. Deutschland ist bekanntlich nicht das kinderfreundlichste Land der Welt, aber so eine grobe Begrüßung, ohne dass die beiden Jungs überhaupt nur den Mund aufgemacht hatten? Das ist selbst hierzulande äußerst unfreundlich und kinderfeindlich. Davon abgesehen fahren beide äußerst gerne Zug und sind eine angenehmere Schicksalsgemeinschaft auf Gleisen als so mancher schnarchende oder hustende Erwachsene, aber das wollte die Frau gar nicht erst herausfinden.

Wie soll man da reagieren? Meine Freundin tat es geistesgegenwärtig. Anstatt sich die gesamten nächsten Stunden in der erzwungenen Gesellschaft dieser reizenden Person zu ärgern, lachte meine Freundin und meinte: »Mein Sohn ist so ein Snob, er bucht auch nur Business Class, auch für Flüge, während ich hinten in der Holzklasse sitzen muss!« Was natürlich großer Nonsens ist, aber die Stänkerin war verdutzt (und hoffentlich auch leicht beschämt) und meine Freundin war froh, es geschafft zu haben, dieser Situation mit Humor zu begegnen, anstatt sich von einem übellaunigen Menschen den Tag verderben zu lassen.

7.4 Trauer

Wahrscheinlich ist das Gefühl, dass uns am härtesten von allen trifft, die Trauer. Trauer kann absolut zerschmetternd sein, so intensiv und schmerzhaft, dass wir überzeugt sind, uns nie wieder davon erholen zu können. Wenn ein geliebter Mensch stirbt, wird einem der Boden unter den Füßen weggerissen und ein Teil der eigenen Identität fühlt sich für immer verloren an. So hilflos man sich dem Gefühl der Trauer unterworfen fühlt, so »normal« im Sinne von häufig ist dieser Zustand. Und wir werden ihn früher oder später alle durchleben. Trotzdem ist Trauer ein einsames Gefühl und jeder Mensch ist letztendlich allein in seiner Aufarbeitung.

7.4.1 Trauer nach Todesfällen

Die Stoiker, allen voran Seneca, der sich in mehreren Trauerbriefen an Hinterbliebene ausführlich mit dem Thema auseinandersetzte, waren sich mit heutigen Psychologen einig, dass der Faktor Zeit im Rahmen des Trauerprozesses eine entscheidende Rolle spielt: Nach einiger Zeit (manche Psychologen sprechen von einem Zeitraum von etwa einem bis anderthalb Jahren) zeigt sich, ob ein Trauerprozess »normal« abläuft oder ob er in eine Depression umgeschlagen ist. Dabei läuft der Trauerprozess sehr individuell ab. Gibt es psychologische Ratschläge, die trotzdem eine gewisse Allgemeingültigkeit haben?

Seneca hält mehrere Gedanken in seinen Briefen fest, die im Umgang mit Trauer hilfreich sein können, nachdem eine gewisse Trauerzeit abgelaufen ist und sich die Trauer dauerhaft in uns manifestiert hat. Viele der Argumente appellieren an unsere Vernunft: Wenn wir uns in Trauer fallen lassen, uns abschotten und uns ausschließlich mit ihr beschäftigen, vernachlässigen wir die Menschen, die noch leben. Die Menschen, mit denen wir noch gemeinsame Zeit haben, die uns brauchen. Den Rest unserer Familie, unsere Freunde und Freundinnen, die nicht mehr wissen, wie sie noch an uns herankommen können. Diese Art endloser Trauer hilft weder der verstorbenen Person noch uns selbst, und anderen Menschen schon gar nicht. Sie ist nutzlos.

Seneca empfiehlt vielmehr, aktiv mit der Erinnerung an den geliebten Menschen umzugehen, häufig von ihm oder ihr zu sprechen und sich über die Zeit zu freuen, die man miteinander verbracht hat, anstatt sich auf das tragische Ende zu konzentrieren. Ein gutes Leben bestimmt sich bei den Stoikern nicht danach, wie lang es war. Man kann lange leben und sein Leben nicht nutzen, dagegen kann auch ein kurzes Leben ein sinnvolles und gut gelebtes sein. Die Stoiker betrachten alles, was wir haben, als eine Art Leihgabe des Universums. Wir haben ein Geschenk bekommen und dürfen es genießen, solange es uns gewährt wird. Aber wie lange der Zeitraum der Leihe andauert, das wissen wir nicht. So wie das Universum uns bestimmte Dinge gegeben hat, so unvermittelt kann es uns diese auch wieder wegnehmen. Das gilt für unseren Besitz, weswegen wir uns an keine materiellen Dinge binden sollten, aber eben auch für unsere geliebten Mitmenschen. Deswegen sollen wir unsere volle Aufmerksamkeit auf das richten, was wir haben, vor allem auf die Menschen um uns herum, und uns ihre Natur vergegenwärtigen, nämlich, dass sie sterblich sind und die Zeit, die wir mit ihnen verbringen können, begrenzt ist.

Epiktet formuliert es besonders drastisch an einer Stelle, die oft fehlinterpretiert wird, wenn er sagt, dass wir jedes Mal, wenn wir unser Kind oder unseren Partner küssen, uns sagen sollen, dass wir einen Menschen küssen. Dann werde es uns nicht aus der Fassung bringen, wenn er stirbt. Dass es uns nicht aus der Fassung bringen wird, wenn ein geliebter Mensch stirbt, ist vollkommen widernatürlich und unrealistisch. Die Stoiker wollten mit so einer Aussage nicht implizieren, dass wir emotional kalt und distanziert anderen Menschen gegenüber werden sollen. Der Gedanke, der bei Epiktet hinter einer solchen krassen Aussage steckt, ist, dass wir uns keinen Illusionen hingeben sollen. Menschen sind sterblich und Menschen werden sterben. Gerade unsere Kinder hoffentlich viele Jahrzehnte nach uns, doch Garantien gibt es selbst dafür nicht. Statt an diesem Gedanken zu verzweifeln und zu versuchen, die Liebe für andere zu verringern, sollten wir eher motiviert werden, unser Kind fester an uns zu drücken, unserem Partner oder unserer Partnerin einmal mehr zu sagen, dass wir ihn oder sie lieben und dankbar sind, unser Leben mit ihm oder ihr verbringen zu dürfen. Weil der Tag, an dem wir nicht mehr zusammen sein werden, noch nicht eingetreten ist. Weil es jetzt zählt.

Zu dem Gefühl endloser Trauer, die einen fast wahnsinnig werden lassen kann, kommen oft auch Zukunftsängste und Sorgen. Jamie Lombardi war 33 Jahre alt, als sie Ende 2013 eine der schlimmsten Tragödien erlebte, die einem Menschen zustoßen kann. Bei ihrem bis dahin gesunden Mann und Vater ihrer beiden Söhne (ein und fünf Jahre alt) wurde eine seltene Autoimmunerkrankung diagnostiziert, die seinen Körper innerhalb kürzester Zeit kollabieren ließ und eine künstliche Beatmung erforderlich machte. An Komplikationen, die durch diese Form der Beatmung entstanden, verstarb ihr Mann wenige Wochen später zu Hause, als sie gerade hofften, dass er sich wieder vollständig erholen würde. Jamie beschreibt die Art, wie sie es durch die erste Zeit danach geschafft hat, als »unheilige Kombination aus Xanax (einem starken Beruhigungsmittel), Wodka und schierer Willensstärke«.[17] Jamies philosophischem Ausbildungshintergrund ist es wohl zu verdanken, dass sie sich wenige Zeit später in eine Bibliothek begab und ihr auf der Suche nach irgendeiner Hilfestellung Mark Aurels *Selbstbetrachtungen* in die Hände fielen. Seine über 2000 Jahre alten Gedanken beschreibt sie als eine Rettungsweste für sich.

Sie war nachvollziehbarerweise in einer kompletten Paniksituation, aus dem Nichts heraus verwitwet und allein mit zwei kleinen Kindern. Der Rat, nicht überfordert zu sein durch das, was sie sich vorstellt, was also in der ferneren Zukunft liegt, sondern einfach das zu tun, was sie kann und sollte, half ihr angesichts der Aufgabe, der sie sich stellen musste. Wie sie mit der Pubertät oder Schulausbildung der Kinder umgehen sollte, das wusste sie nicht, aber ihr half es zu wissen, dass das in diesem Moment auch gar nicht notwendig war, sondern sie sich auf die unmittelbar nächsten Schritte konzentrieren musste. Was ihr aber am meisten geholfen hat, war der Gedanke, dass wir auch und gerade angesichts katastrophaler Umstände das Narrativ über unser Leben in unserer eigenen Hand haben. Sie sagt, dass sogar die unangenehmsten Gefühle einfach Teil der menschlichen Erfahrung sind und man diese nicht verweigern kann. Aber wie wir mit unserer Lebensgeschichte umgehen, ob wir diese als Vollversagen oder als Sieg gegen alle Wahrscheinlichkeiten verstehen, das liegt in unserer eigenen Hand.

7.4.2 Trauer nach Trennung

Wir können auch um einen Menschen oder eine Beziehung trauern, obwohl kein Todesfall eingetreten ist. Das kann nach einer Trennung sein oder nach dem Ende einer Freundschaft, eine Situation, die für viele noch belastender ist als die Auflösung einer Liebesbeziehung. Der Abschnitt im Leben, den man mit einer Person verbracht hat, ist unwiderruflich vorbei und man wird allein gelassen mit einem Bündel an Gefühlen, von Sehnsucht über Wut, Unverständnis bis hin zu Selbstzweifeln. Die stoischen Texte sprechen nicht viel über das Ende von Liebe und den Schmerz, der sich einstellt, wenn eine Freundschaft zu Ende gegangen ist, man den gemeinsamen Teil des Lebens bis zum Scheideweg beschritten hat und nun wieder getrennte Wege geht. Lassen sich dieselben Ratschläge wie zur Trauer nach Todesfällen auch hier anwenden?

Zunächst gilt es auch in diesen Fällen zu akzeptieren, was passiert ist, und dass es nicht in unserer Macht liegt, die Situation an sich zu ändern, nur unsere Reaktion darauf. Dass Freundschaften enden, da sich Menschen in unterschiedliche Richtungen entwickeln, das ist der Lauf der Dinge, und sich dagegen zu sträuben ist unsinnig. Mit Virginia Woolfs Worten: »Ein Selbst, dass sich ständig verändert, ist auch ein Selbst, das weiterlebt.« Mit Seneca würden wir uns im idealen Fall, nachdem eine erste natürliche Reaktion von Trauer abgeflacht ist, an die schönen Momente, die wir mit dem Expartner oder der ehemaligen Freundin verbracht haben, erinnern können und diese Erinnerung sogar feiern. Am Ende stünde wohl auch eine Art rationale Fehleranalyse, damit man mehr über sich selbst und seine Verhaltensmuster lernt und sich in Zukunft möglicherweise anders verhalten kann.

Eine Stoikerin hält sich vor Augen, dass wir die Vergangenheit nicht ändern können und nur das zählt, was im Hier und Jetzt stattfindet. Gram und Selbstvorwürfe sind unproduktive, überflüssige Gefühle. Stattdessen ist es unerlässlich, sich selbst für gemachte Fehler zu verzeihen und es in Zukunft anders zu machen.

Eine tiefe Traurigkeit, die nicht vergeht, kann auf eine psychische Erkrankung wie eine Depression hindeuten und gehört, wie die Aufarbeitung und Begleitung von traumatischen Erlebnissen, in die Hände von Spezialistinnen, Therapeutinnen und Ärztinnen oder Ärzten, die das notwendige Fachwissen haben, um kompetente Hilfe zu leisten.

Kurz gesagt

- Die Stoiker sehen Emotionen als Teil unseres Denkprozesses, als Meinungen und Werturteile über die Welt. Deswegen liegen sie in unserer Macht und wir sind ihnen nicht einfach hilflos ausgeliefert.
- Eine Ausnahme gilt für die *propatheia*, die Vor-Emotionen (wie Erröten, ein erstes Aufflammen von Empörung, Weinen). Diese liegen nicht in unserer Macht, sondern laufen instinktiv und automatisch ab – erst in einem zweiten Schritt bilden wir uns ein Urteil über die Situation.
- Negative Emotionen sind falsche Meinungen über die Welt, wir fühlen uns zum Beispiel von jemandem falsch behandelt und werden deswegen wütend, dabei ist uns eigentlich nichts Schlechtes zugestoßen. Nur unser eigener Charakter ist maßgeblich, und der wurde nicht beschädigt.
- Während negative Emotionen am besten zu vermeiden sind, sollten wir positive Emotionen wie Liebe, Freude am Wohlergehen anderer und Dankbarkeit kultivieren.
- Angst ist ein wichtiges Warnsignal, das beachtet werden sollte. Oft fürchten wir uns allerdings vor Dingen und Situationen, die entweder nie eintreten werden oder wenn, dann nicht so schlimm sein werden wie in unserer Vorstellung.
- Wut ist eine destruktive und schädliche Emotion, die in keiner Situation gut ist. Stattdessen sollten Tugenden wie Mut und Gerechtigkeitssinn unser Handeln leiten.
- Trauer ist Seneca zufolge ein normaler menschlicher Prozess. Nach einer gewissen Trauerzeit gibt er Hinweise, wie wir zurück ins Leben finden und die verstorbene Person aktiv in unserem Leben ehren und erinnern, während wir unseren Weg weiter beschreiten.

Kapitel 8

Leben mit Tugend

Jetzt komme ich endlich zu der grundlegenden und wichtigsten Idee überhaupt, die die ganze stoische Philosophie durchdringt: das Leben mit Tugend zu leben. Aber was soll das genau heißen? Welche Art von Tugend ist gemeint? Es handelt sich, das haben wir schon geklärt, nicht um einen Tugendbegriff von Keuschheit und Sittlichkeit, sondern um das, was ich mit *arete* oder Exzellenz des Charakters beschrieben habe. Christopher Gill, einer der Gründer der Modern Stoicism Organization, beschreibt Tugend folgendermaßen: Es handelt sich zunächst um aufeinander abgestimmte Eigenschaften (vereint oder voneinander abhängig), die für ein erfülltes menschliches Leben von zentraler Bedeutung sind. Er beschreibt Tugend als eine Art Expertise oder Fähigkeit, das Wissen, wie man in jeder Hinsicht gut lebt. Eine Form des Wissens, die die gesamte Persönlichkeit und das Leben formt. Die vier Grundtugenden des Stoizismus sind Gerechtigkeit, Mut, Mäßigung und praktische Weisheit. Jede dieser Tugenden hat dann mehrere Unterkategorien.

Während wir uns jede dieser Tugenden noch im Einzelnen in ihrer Bedeutung für unser Leben ansehen werden, ist es wichtig zu verstehen, dass diese Tugenden nicht unabhängig voneinander gesehen werden können, sie sind miteinander verwoben. Wir können zum Beispiel nicht auf die richtige Art mutig sein, wenn wir dabei nicht auch maßvoll vorgehen oder gerecht. Jemand, der nur mutig ist, würde sich Gefahren aussetzen, dabei vollkommen über das Ziel hinausschießen und das Ganze dann auch nicht zum Wohle der Mitmenschen einsetzen, sondern zum Eigennutz. Das wäre nicht die Art von Mut, die die stoische Philosophie meint.

Die Tugenden bestimmen und prägen unseren ganzen Charakter, unsere Persönlichkeit. Dass es sich bei den Tugenden um eine Art von Wissen handelt, klingt zunächst irritierend, macht aber Sinn, wenn man sich vor Augen führt, dass nach der stoischen Lehre der Emotionen unsere Gefühle Werturteile, also kognitiv sind, und damit alles, was wir erstreben oder wie wir fühlen, auch auf unseren Gedanken und Einschätzungen bezüglich unserer Umwelt beruht.

Erfreulicherweise und dank des positiven Menschenbildes der Stoiker hat jeder Mensch von Geburt an die Fähigkeit, Tugend im eigenen Charakter zu entwickeln. Niemand kommt böse und schlecht auf die Welt oder ist zu dumm, sich das Wissen über ein gutes Leben anzueignen. Nötig sind allerdings gute und weise Lehrerinnen und Vorbilder.

Dass jeder Mensch anders ist und mit einem unterschiedlichen natürlichen Arsenal an Fähigkeiten und Schwächen ausgestattet ist, versteht sich von selbst. Die Ausrede »So bin ich eben nicht« oder »Ich kann das nicht« lassen die Stoiker nicht gelten. Denn wir alle haben Stärken, die wir ausbauen, und Schwächen, an denen wir arbeiten können. Wir alle können lernen, uns besser zu verhalten.

Und wo kommen unsere Tugenden zum Einsatz? Im Umgang mit unseren Mitmenschen, im Rahmen unserer sozialen Rollen. Dort können wir die Tugenden jeden Tag einsetzen. In herausfordernden Situationen können wir mit Tugend handeln, indem wir unseren Werkzeugkoffer voll innerer Ressourcen öffnen. Epiktet gibt uns auf, bei allem, was uns widerfährt, in uns zu gehen und zu untersuchen, welche Kraft wir in uns haben, um der Situation angemessen zu begegnen. Jemand versucht dich zu reizen? Du hast die Fähigkeit, auf die Provokation nicht einzugehen. Jemand führt dich in Versuchung (dieser jemand kann auch ein verführerischer Cupcake sein)? Du hast die Fähigkeit, Nein zu sagen, zu widerstehen. Die Arbeit ist hart und anstrengend? Du hast Ausdauer in dir. Jemand kritisiert dich zu Unrecht? Du hast es in dir, dir dies nicht zu Herzen zu nehmen. Wie bei einem inneren Werkzeugkasten haben wir für jede Situation das passende Werkzeug in uns, wir müssen ihn nur aufmachen und zugreifen.

Schauen wir uns die vier Grundtugenden nun genauer an:

8.1 Mut

Unter Mut verstehen die Stoiker das Wissen, wie man sich in Gefahrensituationen zu verhalten hat, also dann, wenn wir Dingen begegnen, die uns Angst machen. Das klingt nach Superhelden-Stärke in Superhelden-Szenarien. Sehr weit weg von unserem Alltag, in dem normalerweise keine Kleinkinder vor Kampfhundattacken oder Menschen aus brennenden Häusern gerettet werden müssen. Doch tatsächlich handelt es sich um eine Charaktereigenschaft, die wir alle täglich brauchen und auch einsetzen, auch wenn wir uns dessen oft nicht bewusst sind.

Mut hat viele Facetten; es gibt leisen Mut und lauten. Es kann mutig sein, etwas Bestimmtes in einer bestimmten Situation zu sagen oder zu tun oder auch gerade etwas nicht zu sagen oder etwas zu unterlassen. Es kann sehr mutig sein, Nein zu sagen. Es ist mutig, um Hilfe zu bitten, wenn man es allein nicht mehr schafft. Es kann mutig sein, die unpopuläre Meinung zu vertreten, sich gegen den Strom der gesellschaftlichen Norm zu stellen. Mut heißt, Entscheidungen zu fällen und zu ihnen zu stehen, auch wenn die Konsequenzen unangenehm sind und man von außen keinen Applaus und keine Anerkennung dafür bekommt.

Was uns Angst macht, das ist sehr individuell. Darum ist es auch ganz individuell, wann wir mutig handeln. Oft werden andere nie erfahren, wie mutig wir tatsächlich waren. Für die einen zeigt es wahren Mut, ihre Stadt oder ihr Land zu verlassen und woanders einen neuen Anfang zu wagen. Für die anderen, dem Chef oder der Chefin offen zu widersprechen, wenn diese im Unrecht sind. Für die einen, sich trotz Druck von außen gegen ein Leben mit Kindern zu entscheiden, für die anderen, angesichts schwieriger Umstände trotzdem ein Kind zu bekommen.

Manchmal ist es auch mutig, einfach nur morgens aufzustehen und den Tag durchzustehen. Einen weiteren harten Tag in einer Reihe harter Tage, weil das Leben gerade so anstrengend und mühsam ist und es unsere ganze Kraft fordert, uns diesem weiteren Morgen zu stellen. Seneca, der unter intensiven Asthmaanfällen litt, an denen er teilweise fast erstickt wäre, erzählt von einer Phase in seinem Leben, in der er so schwer krank war, dass er sich mit Selbstmordgedanken beschäftigte, sich aber mit Hinblick auf seinen älteren Vater dagegen entschied, sein Leben zu beenden. Er hält fest: Manchmal ist es schon eine mutige Tat, am Leben zu bleiben.

In der stoischen Philosophie wird Mut demnach auch verstanden als Ausdauerfähigkeit, als Akt des Standhaft-Seins. Mut erfordert also kein (einmaliges) Tun, sondern kann eine Haltung oder eine Entscheidung sein, die man konstant aufrechterhält. Einem Suchtverhalten, das uns quält, nicht nachzugeben. Einen anderen Menschen, der auf uns angewiesen ist, zu pflegen. Eine lange, anspruchsvolle Phase voller Widrigkeiten in einem Projekt durchzustehen, ohne aufzugeben. Es mit einem schwierigen Mitmenschen, von dem wir uns aus welchen Gründen auch immer nicht distanzieren können, aufzunehmen und ihn anzunehmen, wie er ist. Einen deutschen Winter durchzustehen, ohne Sonne und ohne blauen Himmel, dafür voll motziger, frustrierter Mitmenschen und Matsch an den Schuhen (wenn es nur Matsch wäre …).

Mutig ist es auch, sich im stoischen Sinne mit seiner Rolle im Leben auseinanderzusetzen. Denn wer seine Rolle so lebt, wie es sich für einen selbst richtig und authentisch anfühlt, wird anderen zwangsläufig Angriffsfläche für Kritik bieten. Sich anderen gegenüber verletzlich zu machen, indem man dazu steht, wer man ist, anstatt vorzugeben, eine Person zu sein, die andere vielleicht erwarten oder sogar lieber hätten. Sich der Gefahr zu stellen, nicht gemocht zu werden, nicht (mehr) *everybody's darling* zu sein durch die Entscheidungen, die man trifft.

Die amerikanische Autorin und Forscherin Brené Brown ist (soweit ich weiß) keine bekennende Stoikerin, aber vieles von dem, was sie über Mut und Authentizität sagt, deckt sich mit der stoischen Lebensphilosophie. So schreibt sie in ihrem Buch *Laufen lernt man nur durch Hinfallen: Wie wir zu echter innerer Stärke finden*: »Verletzlichkeit ist keine Frage des Siegens oder Verlierens. Sie ist der Mut, sich zu zeigen und gesehen zu werden, ohne Kontrolle über das Ergebnis zu haben. Verletzlichkeit ist keine Schwäche; sie ist der größte Ausdruck von Mut, den es gibt.«[18] Denn wir haben keinen Einfluss darauf, wie andere Menschen uns wahrnehmen, ob sie uns weiterhin unterstützen und wertschätzen, wenn wir uns verändern. Aber das sollte uns nicht davon abhalten, den Weg zu gehen, der mit unseren Werten und Zielen im Leben übereinstimmt. Für andere und deren Vorstellungen leben, das macht kein erfülltes Leben aus.

Auch die berühmte Geigerin Anne-Sophie Mutter sagt in einem Interview,[19] dass ihr Stoizismus geholfen habe, mit der tiefen Verletzlichkeit, die sie als sehr introvertierter und privater Mensch von klein auf kannte, umzugehen. Ihr sagt die stoische Idee zu, im Moment zu leben und in ihm seine Mitte zu finden, indem man nichts erwartet, auf das Schlimmste vorbereitet ist und dennoch alles genießt.

Aber wie werden wir mutiger? Leider nicht, indem wir dem ausweichen, was uns Angst macht oder Unbehagen verschafft. Dafür müssen wir uns unseren Ängsten stellen. Wie bei allen nachhaltigen Veränderungen geht es auch hier um Training, Training, Training. Wie bei der heutigen Expositionstherapie setzt man sich in einem solchen Training erst kleineren, dann größeren gefühlten Übeln aus, um den eigenen Mut Stück für Stück aufzubauen.

Vielleicht hast du, wie Zenon, Angst davor, dich lächerlich zu machen. Sein kynischer Lehrer Krates gab ihm als Aufgabe, mit einem Suppentopf voll Linsen in der Stadt herumzulaufen. Als Zenon versuchte, die Suppe zu verstecken, verschüttete er sie über seine Kleidung. Das nutzte Krates, um ihm klarzumachen, dass Zenon bis auf ein paar Flecken in der Kleidung nichts, also nichts Schlimmes, zugestoßen war. Die Stoiker haben es bewusst eingeübt, sich unangenehmen Situationen auszusetzen, um die damit verbundene Furcht abzubauen und resilienter zu werden. Die Übung dazu findest du in Teil 2 (Übung 3: *Härte dich ab*). Wir alle fühlen uns in unterschiedlichen Situationen und aufgrund unterschiedlicher Dinge unwohl; es geht darum, den eigenen wunden Punkt zu finden und zu berühren. Das mit den Linsen ist etwas unpraktisch und eine Verschwendung von Lebensmitteln, vielleicht probierst du es mal mit einer ungebügelten Bluse im nächsten Meeting, wenn du zu den Menschen gehörst, denen so ein unperfekter Auftritt peinlich ist. Oder du begibst dich ungeschminkt dorthin, wo alle anderen Make-up tragen. Die Reaktion wird nicht so furchtbar sein, wie du es erwartest, und selbst wenn dir jemand einen dummen Spruch verpasst, hast du es in dir, einfach drüberzustehen. Und du kannst stolz auf dich sein, dass du deinen Mut zusammengenommen hast.

8.2 MÄSSIGUNG

»Sich selbst bekriegen ist der schwerste Krieg, sich selbst besiegen ist der schönste Sieg.«[20] Manche Zitate aus meiner Kindheit finden immer wieder ihren Weg in mein Leben, so auch dieses. Wenn ich über die stoische Tugend der Mäßigung nachdenke, dann betrifft diese für mich in erster Linie den inneren Kampf mit sich selbst. Das griechische Wort für die Tugend der Mäßigung ist *sophrosyne*. Neben Mäßigung kann *sophrosyne* auch mit Besonnenheit oder Selbstdisziplin übersetzt werden. Bei der Tugend der Mäßigung geht es darum, das rechte Maß zu halten, die goldene Mitte in allem, was wir tun. Zu wissen, was genug ist, nicht zu viel und nicht zu wenig. Das Gegenteil von Mäßigung ist Maßlosigkeit und Exzess.

Im Vergleich zur Antike, in der die Stoiker lebten, sind wir heutzutage sehr viel mehr Versuchungen ausgesetzt und sind von noch mehr Überfluss umgeben. Ein Klick genügt und wir haben Kleidung eingekauft, die am anderen Ende der Welt produziert worden ist. Im Supermarkt ist alles und immer verfügbar (wenn nicht gerade Klopapier gehamstert wird, aber das steht buchstäblich auf einem anderen Blatt). Wo alles immer verfügbar ist, ist es schwer, sich eigene Grenzen zu setzen und diese dann auch konsequent einzuhalten.

Andererseits wird uns an vielen Stellen an Perfektionismus grenzende Selbstdisziplin mit teilweise zwanghaftem Verhalten aufgezeigt und vorgelebt. Das reicht von Ernährungsformen wie der Keto-Diät, die die Gefahr von Krankheiten und Essstörungen bergen, hin zu einem überdisziplinierten Workout-Regime. Problematisch ist der Drang, es perfekt machen zu wollen, auch bei der heute überwiegend angewendeten Erziehungsphilosophie der bedürfnisorientierten Erziehung. Manche Eltern richten sich so sehr nach den Wünschen (nicht unbedingt Bedürfnissen!) der Kinder, dass sie es nicht mehr schaffen, eigene Grenzen zu setzen, und sich bis zum Burn-out aufreiben, um ihren Kindern ein vermeintlich perfektes Aufwachsen zu ermöglichen. Brauchen wir vielleicht eher eine Mäßigung in unserem Hang zur Selbstkontrolle? Zu hohe Erwartungen an unser eigenes Verhalten können uns krank und unglücklich machen.

Die stoische Philosophie gibt kein festes Ziel vor, keine Latte, die es zu überspringen gilt. Es geht darum, dass DU in deiner konkreten Lebenssituation im Einklang mit DEINEN Werten und Zielen erfüllt leben kannst.

Ob man eher der selbstdisziplinierte Typ ist oder nicht, das scheint sich schon in der Kindheit zu zeigen. Der Persönlichkeitspsychologe Walter Mischel führte Anfang der 1970er-Jahre im Rahmen seiner Forschungen an der Stanford Universität den berühmten Marshmallow-Test mit kleinen Kindern durch: Vor jedem Vorschulkind lag ein Marshmallow auf dem Tisch, ein zweiter lag außer Reich-, aber in Sichtweite. Die Leiterin des Experiments entfernte sich aus dem Zimmer. Den Kindern wurde gesagt: Wenn sie den ersten Marshmallow vor sich nicht essen, bis die Leiterin zurückkommt, dürfen sie dann beide Marshmallows haben. Wenn sie den Marshmallow auf ihrem Tisch vorher essen, bleibt es bei dem einen. Die Kinder wurden in ihrer weiteren Entwicklung beobachtet. Es schien, dass diejenigen, die sich unter Kontrolle hatten und auf die Rückkehr der Leiterin warteten, größere Erfolgschancen im späteren Leben hatten, ein geringeres Risiko, drogensüchtig zu werden, und vieles mehr. Die Fähigkeit, einen Aufschub auszuhalten, beeinflusste den akademischen, sozialen und emotionalen Erfolg der Testperson.

Auch wenn die Studie teilweise relativiert worden ist, da familiäre Hintergründe zu wenig berücksichtigt wurden, kann man sich vorstellen, dass manche von uns mehr und andere weniger Probleme mit Selbstdisziplin haben und dass diese Eigenschaft unser Leben prägt. Wir starten von unterschiedlichen Positionen, aber das heißt nicht automatisch, dass diejenigen, die als kleines Kind umgehend die Süßigkeit verschlungen hätten, gar nicht erst versuchen sollten, an ihrer Selbstkontrolle zu arbeiten. Nach der Logik hätte ich, da ich nie eine Chance auf Gold bei den Olympischen Spielen hatte, gar nicht erst anfangen dürfen, Sport zu treiben.

Was alle eint, die an sich arbeiten wollen, um in dem einen oder anderen Bereich maßvoller zu werden, ist, dass der erste Schritt sein muss, sich über sein Ziel bewusst zu werden. Mit Senecas Worten: Wer nicht weiß, welchen Hafen er ansteuern soll, für den gibt es keinen günstigen Fahrtwind. Mit dem Ziel eng verbunden ist, was uns antreibt, uns zu ändern. Was motiviert uns also zur Veränderung? Wofür wollen wir genau diszipliniert an uns arbeiten? Ist es ein externes Ziel, etwa, beliebter oder erfolgreicher zu sein in der Leistungsgesellschaft? Effektiver in unserem täglichen Output? Ist es das langfristige Ziel, auf das wir hinarbeiten, wirklich wert, uns in der Gegenwart zu disziplinieren? Und was sind unsere Erwartungen an uns selbst? Sind sie realistisch, haben wir es in uns, diese bestimmte Person zu sein?

Wenn unsere Motivation nicht intrinsisch ist, es also eher um die Bewertung unseres Verhaltens durch andere geht, dann halten die Stoiker von diesem Motor für unsere Selbstdisziplin wenig. Auch hier ist es wieder essenziell, sich Gedanken über seine eigene Rolle zu machen. Wir haben in unserer Kindheit und dadurch, wie wir sozialisiert sind, viele Rollenmuster und Erwartungen verinnerlicht, die nicht zu unserer Persönlichkeit passen. Sich davon Stück für Stück zu lösen, in der Eigenverantwortung den eigenen Weg zu finden, das ist Teil des Erwachsenwerdens, Teil des Selbst-Werdens – und dauert vielleicht ein ganzes Leben an.

Letztendlich geht es darum, das richtige Maß an Selbstkontrolle und Sich-gehen-Lassen zu finden. Das gilt auch und gerade für das Schwelgen in Gefühlen. Manchmal tut es gut, sich in Selbstmitleid zu suhlen oder seinen Kummer begleitet von melancholischen Lieblingsliedern herauszuheulen. Aber irgendwann gilt es, sich wieder zusammenzureißen und die Dinge in die richtige Perspektive zu rücken. Die Stoiker benutzen dazu unter anderem eine Technik, die sich »Der Blick von oben« nennt und die ich in Teil 2 (Übung 4: *Wechsle die Perspektive – »Der Blick von oben«*) noch näher beschreiben werde. Kurz zusammengefasst geht es darum, sich aus der eigenen engen Sichtweise herauszuzoomen und auf die weiteren Zusammenhänge in der Welt zu blicken, sodass sich der Maßstab verändert und die eigene Sorge zu schrumpfen beginnt.

Gefühle zu disziplinieren, das klingt zugegebenermaßen nicht sehr aufregend, und es gibt Menschen, die es generell lieber mit Goethe halten und »himmelhoch jauchzend, zu Tode betrübt« leben. Als Teenager habe ich viele Jahre so verbracht, aber glücklich war ich nicht. Die innere Mitte zu finden und mich nach kurzen Gefühlausschlägen wieder auf einem gesunden Mittelmaß einzupendeln fühlt sich heute sehr viel erstrebenswerter an.

Wir finden also durch Selbstreflexion heraus, wo genau wir uns mäßigen wollen – vielleicht ist es der eigene Alkoholkonsum, vielleicht ein übertriebenes Shopping-Verhalten, vielleicht eine uns selbst schadende Priorisierung in unserer Lebenszeit. Bei mir ist es momentan meine Bildschirmzeit und mein Umgang mit meinem Smartphone, ein Problem, mit dem ich vermutlich nicht allein bin. Dann sollten wir uns darüber klar sein, was genau die geplante Veränderung motiviert (bei mir, dass ich meinen Kindern ja den Umgang mit Technologie vorlebe und dass bei ihnen nicht das Gefühl entstehen soll, dass sie hinter dem Smartphone in zweiter Reihe stehen).

Uns muss klar sein: Das ist ein täglicher Kampf mit manchmal besseren, manchmal nicht so guten Ergebnissen. Wenn es ein erfolgreicher Tag war, darf man sich nach Seneca ruhig einmal loben, wie ein guter Freund es tun würde. Wenn man den eigenen Ansprüchen nicht gerecht geworden ist, ist die empfohlene Vorgehensweise, sich zu fragen, wie man es konkret am nächsten Tag besser machen kann, und sich dann – das ist ganz wichtig – die gemachten Fehler zu verzeihen.

8.3 Praktische Weisheit

Die praktische Weisheit ist quasi die Mutter aller Tugenden. Es geht darum, klug und sorgsam abgewogen zu handeln, und zwar beständig in unserem Leben, nicht nur ab und zu, wenn wir uns gerade danach fühlen. Für die Stoiker bedeutete Klugheit zu wissen, was gut, was schlecht und was moralisch neutral ist, und dementsprechend zu entscheiden und zu handeln. Und wonach sollten wir entscheiden, entsprechend welchen Parametern?

Kleine Auffrischung dessen, was wir bislang über das stoische Wertesystem gelernt haben: Externe Faktoren wie Reichtum, Gesundheit oder Beliebtheit sind nicht ausschlaggebend für ein gelungenes, erfülltes Leben. Denn diese Dinge sind nicht per se gut, sondern sie können, falsch eingesetzt, zu schlechten Ergebnissen führen. Das Einzige, was zählt, ist, dass du einen guten, ja sogar exzellenten Charakter hast beziehungsweise entwickelst.

Das sagt sich so leicht und klingt eingängig, aber es ist, wenn man genauer hinschaut, überhaupt nicht konform mit unserem Zeitgeist. Externe Ziele und Faktoren sind allgegenwärtig und locken uns. Gefeiert werden Berühmtheiten, Sportler, Schauspieler oder Influencer für ihren externen Erfolg und nicht, weil sie gute Menschen sind. Wir leben in einer Leistungsgesellschaft, und Erfolg ist ein, um nicht zu sagen der wichtigste Indikator eines Menschen, der »es geschafft hat«. Faktoren wie Erfolg und Reichtum sind wohl auch leichter zu messen als ein guter Charakter. Nicht umsonst gibt es Listen wie die von Forbes, in denen Menschen danach aufgeführt sind, wie reich sie sind, und nicht danach, wie viel Gutes sie in der Welt bewirkt haben. Na klar, wenn berühmte Menschen sich richtig offen danebenbenehmen, dann werden sie gecancelt und gesellschaftlich abgestraft. Aber bis zu diesem Zeitpunkt zählen ihr messbarer Erfolg, ihre Umsatzzahlen, ihre Followerschaft, ihre Oscars, was immer es in der Branche auszustellen gibt. Sich davon freizumachen, nach diesen Idealen nicht mehr zu streben, und sei es unbewusst, das ist eine Herausforderung.

Wenn Prominente – oder auch Normalsterbliche – dann zeigen, wie man sich als guter Mensch aus ihrer Sicht zu verhalten hat, indem man zum Beispiel vegan lebt oder ein angegriffenes Land durch Flaggenprofilbilder unterstützt, ist das zugegebenermaßen aber auch wieder nicht richtig: *Virtue signaling*, also ein Zurschaustellen von Gratismut, wird ihnen dann umgehend vorgeworfen. Gratismut kostet uns nichts, er täuscht couragiertes Handeln lediglich vor. Einer wirklichen Gefahr setzt sich die den Gratismut zur

Schau stellende Person nicht aus. Mark Aurel sagt es zu sich selbst in seinem Tagebuch: »Aufhören, darüber zu reden, wie ein guter Mensch ist, sondern einfach so sein«. Aus stoischer Sicht ist es aber letztlich egal, ob wir anderen Gutes tun und darüber reden oder ob wir nur so tun, als würden wir mutig für andere einstehen. Das einzige Relevante ist, dass wir uns angemessen anderen gegenüber verhalten.

Die Fokussierung auf die eigenen Taten, auf den eigenen Charakter steht im Mittelpunkt. Es geht nicht darum, andere zu bewerten oder moralisch abzustrafen. Was andere tun, was gesellschaftlich gefeiert wird, das sind nur Nebenschauplätze, die ablenken und auf falsche Wege führen. Nicht über andere zu urteilen ist schwer; man gerät sehr leicht in den Sog, andere abzuwerten. Das Gefühl von Überlegenheit verschafft einem eine kurzfristige Genugtuung, nachhaltig besser fühlt man sich jedoch nicht und eigentlich wissen wir das ja auch alle: Die Umsetzung ist das Problem.

Prominente Menschen dienen also nur bedingt als gute Vorbilder. Aber vermutlich gibt es andere Menschen in unserem Leben, die uns inspirieren und von deren Verhalten wir uns »eine Scheibe abschneiden wollen«. Sich Vorbilder zu suchen spielt in der stoischen Philosophie eine große Rolle. Vorbilder können uns dabei helfen, unsere eigene moralische Identität zu entwickeln, Antworten auf die Fragen zu finden: Wer möchte ich sein? Wie möchte ich mich verhalten? Was für einen Unterschied möchte ich im Leben von anderen Menschen machen? Wie soll mein Leben diese Welt verändern?

Das Wissen, wie man sich richtig in der Welt zu verhalten hat, kann nie vollkommen sein (außer man ist die oder der Stoische Weise, was aber, wie wir gleich sehen werden, sehr selten vorkommt). Wir können alle nur Fortschritte machen und über die

Dauer unseres Lebens konsistenter klug entscheiden und handeln, aus dem aktiven Lernprozess aussteigen können wir nie. Voranschreitendes Alter allein macht uns auch nicht weise, wir müssen uns weiterhin darum bemühen dazuzulernen. Unsere Lebenswirklichkeit ist komplex und verwirrend, darum kann man sich nur so gut wie möglich auf Basis seines Wissensstandes verhalten. Sich Gedanken zu machen und nicht einfach kopflos loszupreschen, das sind schon einmal gute Ansätze.

Immer neugierig bleiben und geistig flexibel, anstatt anzunehmen, dass wir schon alles wissen, ist eine andere essenzielle innere Haltung. Mit den Worten von Epiktet: Wir können nicht lernen, was wir schon glauben zu wissen. Der Autor und Organisationspsychologe Adam Grant nennt die dafür erforderliche Denkweise ein *scientist mindset.* Dazu gehört zu akzeptieren, wie wenig wir tatsächlich sicher wissen. Der Forscher erstellt Hypothesen über die Zusammenhänge in der Welt, beobachtet, experimentiert und überdenkt fortlaufend seine Annahmen, basierend auf seinen neuesten Erkenntnissen.[21] Auf diese Weise sollen auch wir in der Welt agieren. So lernen wir ständig dazu und freuen uns geradezu, wenn wir danebenlagen, denn das bedeutet, dass wir etwas Neues gelernt haben und ein bisschen klüger sind, als wir es davor waren.

8.4 Gerechtigkeit

Die Tugend der Gerechtigkeit hat einen besonderen Stellenwert unter allen Tugenden, denn sie richtet sich ausschließlich nach außen und zielt auf unsere zwischenmenschlichen Beziehungen ab. Mutig, weise und maßvoll kann man eventuell auch mit sich allein sein, für gerechtes Handeln brauchen wir andere Menschen.

Gerechtigkeit meint bei den Stoikern mehr als die blinde Justitia mit zwei Waagschalen, die im Konfliktfall Recht spricht. Es geht darum, dass wir grundsätzlich jeden Menschen fair und gerecht behandeln sollen und jeder Mensch das bekommt, was ihm zusteht.

Dazu gehört es, freundlich zu anderen zu sein, zugewandt und großzügig. Mitgefühl und Nachsicht walten zu lassen. Verständnis dafür aufzubringen, dass andere Menschen ihre eigenen Probleme haben, und sie nicht als Feinde, sondern als Brüder und Schwestern zu betrachten.

Dem zugrunde liegt der stoische Gedanke von Kosmopolitismus: Alle Menschen sind Weltbürger und untrennbar miteinander verbunden. Die Idee ist, dass wir füreinander in einem großen Ganzen als Einzelteile verantwortlich sind. Ohne die Tugend der Gerechtigkeit und den Gedanken von Kosmopolitismus könnte man dem Stoizismus eher nachsagen, was Vorurteile unterstellen: Man könnte meinen, dass es sich um eine rein individualistische Lebensphilosophie handelt, in der man sich zwar von innen stärkt, resilient in seiner »inneren Burg« wird, sich dabei aber von einer aktiven Rolle in der Gesellschaft und dem Bestreben, die Welt für alle Menschen zu verbessern, entfernt.

Dabei würde man allerdings übersehen, dass es im Stoizismus kein gutes Leben gibt, in dem der eine Mensch nicht für den anderen Menschen da ist und diesen unterstützt und ihm hilft. Das gilt für die Menschen in unserer unmittelbaren Umgebung, aber eben auch für alle anderen Mitmenschen. Weiter gedacht führt der Kosmopolitismus auch zu einer Verantwortung für unseren Planeten und die anderen Lebewesen, die ihn bewohnen.

Wir wissen heute sehr viel mehr darüber, wie Menschen, die räumlich weit von uns entfernt sind, leben, als die Menschen in der Antike. Wir wissen, wie arm viele Teile der Weltbevölkerung sind, wie privilegiert wir in den entwickelten Ländern leben. Wenn wir es nicht wissen, so könnten wir es zumindest wissen, aber wir sehen nicht hin. Wir leben gerechter, wenn wir versuchen, dieses Wissen in unserem Handeln umzusetzen. Dafür muss man sich zunächst informieren und mehr darüber lernen, wie unser Handeln das Leben in anderen Teilen der Welt beeinflusst. Die Zusammenhänge sind komplex, aber manche Dinge liegen auch auf der Hand, so wie die Tatsache, dass unsere Wegwerf- und Konsumkultur verschwenderisch ist. Es ist auch leicht zu erkennen, dass wir materiell sehr viel mehr besitzen als andere. Was für uns nur eine Zahl auf dem Konto ist, kann für einen Menschen in einer anderen Gegend auf der Welt das ganze Leben verändern.

Im Stoizismus gibt es keine konkrete Anleitung dahingehend, wie wir spenden beziehungsweise unser Vermögen verwenden sollen. Stoizismus ist eine individuelle Lebensphilosophie und hat kein politisches Programm (allerdings beißt sich Stoizismus mit menschenfeindlichen Ideologien wie Faschismus). Es ist dir selbst überlassen, zu überlegen und zu entscheiden, was sinnvoll und was gerecht erscheint.

Inspiration holen kann man sich zum Beispiel bei einer anderen Lebensphilosophie, die sich *Effective Altruism* nennt. Diese Bewegung, die maßgeblich von dem australischen Philosophen Peter Singer geprägt worden ist, hat zum Ziel, mit den beschränkten Ressourcen Zeit und Geld möglichst viel Gutes zu bewirken. Dafür müssen die Probleme auf der Welt priorisiert und die Ressourcen anhand von Kosten-Nutzen-Analysen effektiv verteilt werden. Zum Beispiel genügen schon geringe Summen, um die Lebensqualität von armen Menschen erheblich zu verbessern, wie durch den Kauf von Malarianetzen oder Entwurmungsmitteln. Organisationen wie *Giving what we can* geben Hinweise dazu, wie man möglichst effektiv spenden kann, indem sie verschiedene Hilfsorganisationen auf deren Effektivität hin überprüfen. Zu den Zielen, für die sich die Bewegung einsetzt, gehört neben der weltweiten Armutsbekämpfung auch das Tierwohl und die Sicherung der Zukunft beziehungsweise eines lebenswerten Lebens für kommende Generationen.

Sozial gerecht handeln können wir auch auf anderen Ebenen, beispielsweise dadurch, wen wir wählen, oder indem wir uns für politische Zwecke einsetzen. Indem wir ein Ehrenamt ausüben. Oft mangelt es hierfür nicht an Interesse und Wille, sondern an Zeit. Wenn dies der Fall ist, kann man seinen Einsatz nur den realistischen Möglichkeiten anpassen und in dem Rahmen ausüben, in dem er möglich ist. Für die einen heißt das dann vielleicht eine Geldspende, für die anderen den Kleiderschrank ausmisten und Sachspenden verteilen, während dritte ihren Mitmenschen tatsächlich das wertvolle Geschenk eines Teils ihrer Zeit machen können. Einfach auszublenden, was die eigene Rolle in der Gemeinschaft ist, und darum dann gar nichts zu tun, das entspricht jedenfalls nicht der Tugend der Gerechtigkeit.

Kurz gesagt

- Die Stoiker verstehen unter Tugend eine Art von Wissen. Es ist das Wissen, wie man sich in der Welt richtig verhält. Damit gemeint ist zum einen moralisch richtiges Verhalten, aber auch im weiteren Sinne, wie die Welt funktioniert und wie man logisch denkt.
- Die vier stoischen Tugenden lauten Weisheit, Mut, Mäßigung und Gerechtigkeit. Man kann diese Tugenden nicht getrennt voneinander besitzen, sie gehören zusammen.
- Unter Mut verstehen die Stoiker das Wissen, wie man sich richtig verhält, obwohl man Angst hat. Mut muss nicht laut oder öffentlichkeitswirksam sein, sondern kann auch ein Standhalten bedeuten, ein Durchhalten trotz widriger Umstände.
- Die Tugend der Mäßigung umfasst das Wissen darüber, was genug ist, nicht zu viel und nicht zu wenig. Sie wird auch Tugend der Selbstdisziplin genannt.
- Praktische Weisheit bedeutet, dauerhaft klug und unter Abwägung aller infrage stehenden Interessen zu handeln. Dafür müssen wir wissen beziehungsweise erlernen, wie die Welt funktioniert und was unsere Rolle darin ist. Der Lernprozess kann dabei nie aufhören.
- Bei der Tugend der Gerechtigkeit geht es darum, dass wir grundsätzlich jeden Menschen fair behandeln sollen und jeder Mensch den ihm zustehenden Anteil erhält. Zur Gerechtigkeit gehören Eigenschaften wie Freundlichkeit und Nachsicht, Wohlwollen und die Bereitschaft, anderen zu helfen.

Kapitel 9

Vorbilder und Freundschaft

Wir haben nun die verschiedenen stoischen Tugenden beleuchtet, und natürlich haben die Stoiker auch einen guten Rat, wie diese in die Praxis umgesetzt werden können. Und der lautet: Suche dir ein Vorbild und orientiere dich in allem, was du tust, an dieser Person.

Seneca empfiehlt, sich einen Menschen auszusuchen, vor dem wir den höchsten Respekt haben, den wir verehren, und ihn uns ständig vor Augen zu halten. Allein der Gedanke an diese Person soll unser Handeln bereits verbessern. Gerade in heiklen Situationen und wenn wir vor schwierige Entscheidungen gestellt werden, sollen wir uns also fragen: »Was würde mein Vorbild in dieser konkreten Situation tun?«, und uns dann entsprechend selbst verhalten. Die Idee findet sich in verschiedenen Weisheitstraditionen wieder: In den USA beispielweise waren für christlich orientierte Menschen in den 1990er-Jahren Armbändchen in Mode mit den Buchstaben *W.W.J.D.*, was für *What would Jesus do?* steht.

9.1 Ein Vorbild finden

Wie aber findet man eine solche Person, jemanden, zu dem oder der man derart aufblicken kann, ein Ideal? Wenn es dir so geht wie mir, dann ist das Finden eines Vorbilds kein Selbstläufer. Zunächst einmal: Es spricht überhaupt nichts dagegen, als Frau einen Mann oder als Mann eine Frau als Vorbild zu haben. Trotzdem suchen wir oft nach einer Identifikationsfigur unseres eigenen Geschlechts. Vorbilder könnten historische Figuren sein, vielleicht sogar fiktionale Charaktere, Protagonistinnen aus Büchern oder Filmen.

Gerade was prominente historische Vorbilder angeht, fallen einem unerfreulicherweise nur wenige Frauen ein, denn obwohl es zweifelsfrei sehr viele inspirierende und talentierte Frauen gab, wissen wir nur wenig über sie. Die großen Politiker und geistlichen Führer waren nahezu ausschließlich Männer, da Frauen gesellschaftlich unterdrückt und in solchen Führungspositionen nicht zugelassen waren. Künstlerinnen, Mathematikerinnen, Schriftstellerinnen oder Forscherinnen – ihr Wirken wurde oft verschwiegen, an ihrer Stelle wurden vielfach ihre männlichen Mitarbeiter oder kreativen Partner in der Geschichte verewigt. Man denke zum Beispiel an Simone de Beauvoir als eine der Begründerinnen des Existentialismus oder die Malerin Gabriele Münter, deren künstlerisches Werk neben dem ihres Lebensgefährten Wassily Kandinsky nicht die gebührende Aufmerksamkeit fand.

Mit ein wenig Nachdenken fallen einem in verschiedenen Kategorien natürlich auch noch andere große Frauen ein, die Vorbild-, um nicht zu sagen Heldinnencharakter haben: Jeanne d'Arc, Sophie Scholl oder Rosa Parks, um nur ein paar Beispiele zu nennen. Frauen von wahrem Heldinnenmut, den wir bewundern müssen. Aber können wir uns wirklich mit ihnen identifizieren? Können wir unser Leben und unsere Entscheidungen an ihnen ausrichten? Mir fällt das schwer, sie sind wenig greifbar, ich weiß zu wenig über sie (außer dass sie für ihre Überzeugungen eingestanden sind, selbst wenn es Repressalien bis hin zum Tod mit sich brachte), als dass ich in meinen banalen Alltagssituationen wirklich mit ihrem Vorbild »arbeiten« könnte.

In der Gegenwart hingegen gibt es glücklicherweise viele einflussreiche Politikerinnen, Kreative, Unternehmerinnen und Aktivistinnen, die zu bewundern sind und die zum Nachahmen inspirieren. Und trotzdem bleibt das Problem, dass man diese Frauen nicht wirklich kennt. Wir wissen nicht, wie und wer sie tatsächlich sind. Gerade öffentlich zeigen sie möglicherweise eine gekünstelte Persönlichkeit, ein Bild für die Medien oder eine Außendarstellung, die zu ihrer Marke passt. Die Gefahr besteht, dass man sich davon blenden lässt und irgendwann, wenn sich die Person als anders entpuppt als geglaubt, enttäuscht ist.

Insofern ist es praxistauglicher, abweichend von Seneca, festzuhalten: *Nobody's perfect.* Eine Person muss nicht in ihrer Gesamtheit idealisiert werden, es reicht aus, nur einen Teil ihrer Persönlichkeit, eine Facette des Charakters zu bewundern und zu versuchen, diesen Teil im eigenen Leben mehr zur Geltung kommen zu lassen. Die Zielstrebigkeit der einen, die Großzügigkeit des anderen, das Selbstbewusstsein einer dritten usw. Man muss auch nicht in die Ferne schweifen auf der Suche nach Vorbildern. In der eigenen Familie oder im engen Freundeskreis gibt es Frauen, zu denen wir aufschauen und von denen wir etwas lernen können.

Als reflexive Übung lohnt es sich, einmal aufzuschreiben, welche Charakterzüge wir an unseren Liebsten am meisten bewundern. Kaiser Mark Aurel fängt auf diese Art sein philosophisches Tagebuch an: Buch 1 der zwölf Bücher ist eine Aufzählung der positiven

Eigenschaften seiner Mitmenschen und beschreibt, wie diese Menschen ihn in seinem Leben beeinflusst haben. Über seine Mutter schreibt er beispielsweise, dass er an ihr ihre Verehrung für das Göttliche, ihre Großzügigkeit, ihre Unfähigkeit, das Falsche zu tun, und ihre einfache Lebensweise besonders schätzt.

Nicht zu vergessen: Wir sind selbst Vorbilder. Auch wenn wir uns dessen nicht bewusst sind: Wir beeinflussen die Menschen in unserem Umfeld. In erster Linie junge Menschen, die durch Vorleben lernen, wie man sich in der Welt zu verhalten hat, um ein gelungenes Leben zu führen. Aber auch unsere Kolleginnen, Freundinnen oder andere in unserem Leben beobachten uns und lernen bestenfalls von uns. In unseren verschiedenen Rollen, als Chefin, als Nachbarin, als Freundin usw. haben wir die Chance, moralisch richtiges Verhalten vorzuleben und Inspiration für andere zu sein.

9.2 Die Stoische Weise

Die Stoiker hatten ein besonderes Ideal, nach dem sie strebten, und das war der oder die Stoische Weise. Die oder der Stoische Weise lebt in perfektem Einklang mit der Natur, handelt also immer der Vernunft entsprechend. Diese Person hat durch Lebenserfahrung so viel gelernt, dass sie nur noch moralisch richtige Entscheidungen trifft, und unterliegt keinen Fehlurteilen mehr über ihre Umwelt. *Indifferents*, also externe Dinge, haben so wenig Einfluss auf sie, dass sie, wie die Stoiker gerne betonen, sogar auf der Folterbank glücklich wäre. Sie verfügt über vollkommene *apatheia* (Leidenschaftslosigkeit), nichts kann sie mehr erschüttern. Dass dieses Niveau an Perfektion für den Durchschnittsmenschen nicht zu erreichen ist, war den Stoikern dabei bewusst. Sie sagten, dass die weise Person so selten ist wie der Phönix, der mythische Vogel, der aus der Asche auftaucht. Angeblich erscheint ein solcher alle 500 Jahre, die Wahrscheinlichkeit, dass wir diese besondere Person werden, ist also gering.

Was soll uns so eine perfekte Figur für einen Nutzen bringen? Ist es nicht eher frustrierend zu wissen, dass wir diesen Standard sowieso nicht erreichen können? Für Stoikerinnen ist es das nicht. Sie sehen in dem Konzept der oder des Weisen ein Ideal, das es anzustreben gilt. Für sie gibt die weise Person einen Anreiz, eine Motivation, an dem eigenen Charakter zu arbeiten, um ein kleines Stück näher an die beste Version ihrer selbst zu gelangen. Immer in ihrem eigenen konkreten Kontext, wohl wissend, dass sie nicht immer nur richtige Entscheidungen treffen werden – aber vielleicht öfter die richtigen. Der Weg ist dabei das Ziel.

9.3 Freundschaft

Den berühmten Ausspruch des amerikanischen Motivationstrainers Jim Rohn, nach dem wir der Durchschnitt der fünf Menschen sind, mit denen wir die meiste Zeit verbringen, kann ich nicht verifizieren. Doch es erscheint logisch, dass neben unseren Familienmitgliedern unsere Wahlverwandten, also unsere Freundinnen und Freunde, maßgeblichen Einfluss auf uns und unsere Charakterentwicklung haben. Die Menschen, die wir uns – im Gegensatz zur Blutsverwandtschaft – ausgesucht haben, weil sich unser Leben mit ihnen reicher und erfüllter anfühlt, prägen uns, da wir uns mit ihnen über moralische Fragen austauschen und ihren Rat suchen.

Auch die stoische Philosophie legt sehr viel Wert auf die Pflege von engen und ehrlichen Freundschaften. Zenon bezeichnete einen

Freund als »ein zweites Selbst«. Damit fallen oberflächliche Freundschaften aus der Definition heraus und sollten wohl eher Bekanntschaften genannt werden. Die Pflege enger Freundschaften benötigt allerdings Zeit (und Zeit ist das wertvollste Gut, das wir haben, wie ich im nächsten Kapitel noch näher erklären werde), womit die Anzahl unserer Freundschaften zwangsläufig auf einige wenige begrenzt sein muss. Freundinnen müssen uns so nahestehen, dass es sich anfühlt, als sei man mit sich allein, findet Seneca, man teilt alles mit ihnen und hat keinerlei Geheimnisse. Deswegen ist es sehr wichtig, sorgsam auszuwählen, wem wir unsere Freundschaft schenken.

Und wie knüpft und erhält man Freundschaften? Indem man eine gute Freundin oder ein guter Freund ist, schlägt Seneca vor. Aus stoischer Sicht ist es wichtiger, eine gute Freundin zu *sein*, also seine Freundinnenpflicht zu erfüllen, als im Gegenzug selbst Freundschaft zu erhalten. Freundschaft zu suchen, um einen Nutzen daraus zu erlangen, so Seneca, ist keine wahre Freundschaft und zerbricht, kaum dass der Zweck entfällt. Eine »Schönwetterfreundschaft« nannte Seneca das schon damals. Eine Freundschaft, die Selbstzweck ist, kann hingegen lange währen. Freundinnen sollten uns inspirieren und bei unserer charakterlichen Weiterentwicklung unterstützen. Wenn sie das nicht tun, etwa weil die Freundin sich in eine andere Richtung entwickelt und unsere Werte nicht mehr teilt, ist es laut Epiktet nötig, Freundschaften zu beenden und sich selbst treu zu bleiben.

Kurz gesagt

- Die Stoiker waren davon überzeugt, dass Vorbilder immens wichtig für die Entwicklung unseres guten Charakters sind. Vor schwierigen Entscheidungen, in wichtigen Lebensfragen und generell in problematischen Situationen sollten wir uns fragen, was unser Vorbild in dieser Situation tun würde, und entsprechend handeln.
- Da kein Mensch ohne Fehler existiert, reicht es aus, sich in gewissen Aspekten an seinem Vorbild zu orientieren.
- Eine hypothetische, allwissende und charakterlich fehlerfreie Person, die oder der Stoische Weise, ist ein Ideal, das man anstreben kann. Auch wenn kein Mensch diesen Grad an Perfektion je erreichen wird, soll das Ideal uns motivieren, immer weiter an uns zu arbeiten, und ist das Sinnbild eines Menschen, der sein Potenzial voll entfaltet hat.
- Der Einfluss von Freunden auf unser Leben ist entscheidend, weswegen wir Freunde sorgfältig aussuchen und uns auf intensive Freundschaften konzentrieren sollen. Aus stoischer Sicht liegt dabei der Schwerpunkt darauf, eine gute Freundin zu sein, und nicht, selbst Freundschaft zu erhalten.

Kapitel 10

Stoische Achtsamkeit

Dem aus der buddhistischen Tradition entnommenen Achtsamkeitstrend begegnen wir an jeder Ecke und in vielen Formen, sei es als Büro-Yoga, Meditations-App oder Digital-Detox-Programm. Auch die Stoiker hatten ihre eigene Form von Achtsamkeit, *prosoche* genannt.

10.1 Prosoche: bewusstes Wahrnehmen

Unter *prosoche* versteht man eine Art Aufmerksamkeit, einen Zustand von Wachsein, ein bewusstes Wahrnehmen der eigenen Gedanken und Gefühle. Diese Form der Selbstüberwachung und des klaren Denkens unterscheidet sich von der meditativen Achtsamkeitspraxis, in der es unter anderem darum geht, das ständig beschäftigte *Monkey Mind* zur Ruhe zu bringen und sich auf seine Sinneswahrnehmungen zu fokussieren.

Denn für die Stoiker sind, wie wir gesehen haben, unsere Urteile und unsere Motivationen Kern dessen, über das wir unseren Einfluss ausüben können. Externe Faktoren können wir nicht kontrollieren, doch in dem Bereich unserer Gedanken können wir wirken und unsere Handlungsfähigkeit entfalten. Dies ist für Epiktet der Schlüssel zur stoischen Achtsamkeit. Wie bei der Mitternachtsformel in der Schule (die ich übrigens für viel Geld nicht aufsagen könnte) soll man das Folgende immer präsent haben, auch wenn man um Mitternacht geweckt wird: »Dass kein Mensch Herr über den Willen eines anderen ist und dass allein im Willen das Gute und das Schlechte liegt. Es ist also niemand Herr darüber, mir Gutes zu verschaffen oder Schlechtes zuzufügen, sondern nur ich habe solche Macht über mich.«

Dabei ist die Stoikerin ganz auf die Gegenwart konzentriert, denn die Gegenwart ist die einzige Zeit, in der wir wirken können. Die Vergangenheit ist bereits geschehen und nicht mehr abänderbar, weswegen es sinnlos ist, gedanklich in ihr zu verharren. Die Zukunft hingegen ist noch nicht eingetreten und mag Dinge mit sich bringen, die wir nicht absehen können und auf die wir dann angemessen reagieren müssen, wenn sie geschehen, aber eben nicht in diesem Moment.

Stoische Achtsamkeit ist in unseren Alltag eingebettet. Die Wachsamkeit darf nie abgeschaltet werden, zumindest in der Theorie. Die oder der Stoische Weise hat so eine konstante Aufmerksamkeit perfektioniert, wir Normalsterbliche arbeiten daran.

Wir gehen also durch die Welt und achten auf unsere Eindrücke und Gefühle (die im stoischen Verständnis Werturteile sind):

- Warum kommt in mir gerade ein Gefühl von Verärgerung auf?
- Welches Werturteil liegt meinem Gefühl zugrunde?
- Ist mein Werturteil korrekt?
- Was an dieser Situation ist wirklich gut, was wirklich schlecht?
- Was an dieser Situation ist unter meiner Kontrolle, was nicht?

- Ist es das wirklich wert, dass ich mich über dieses Verhalten aufrege?
- Was habe ich in meinem inneren Werkzeugkasten, um mit dieser Situation angemessen umzugehen?
- Wie gestaltet sich in dieser Situation meine soziale Rolle?
- Wie kann ich mit Tugend agieren, wie kann ich gerecht, weise, mutig und/oder maßvoll handeln?
- Kann ich aus dieser Situation etwas lernen?
- Ist es vielleicht eine Herausforderung, an der ich wachsen kann?
- Wie würde sich mein Vorbild in dieser Lage verhalten?

Dies sind einige der Punkte eines stoischen Fragenkatalogs, die man sich in Alltagssituationen stellen kann. Im besten Fall läuft das stoische »Programm« irgendwann im Hintergrund ab: Wie beim Autofahren handelt es sich um einen automatisierten Prozess. Mit einiger Fahrerfahrung fragt man sich schließlich auch nicht mehr an jeder Ampel, ob es jetzt Sinn machen würde zu schalten. Es handelt sich um einen Vorgang, der sich »Metakognition« nennt: den Prozess des Denkens über das eigene Denken.

10.2 Innehalten

Der übliche automatische Denk- und Handlungsprozess, der bei uns allen ohne Einsatz von stoischer oder irgendeiner anderen Aufmerksamkeit abläuft, endet oft und schnell in Fehlern, falschen Reaktionen, über die wir uns später ärgern, oder einem Bündel von negativen Gefühlen. Die ruppige Bemerkung, die ungeduldige Antwort, die patzige Retourkutsche – wir sind eben keine Weisen, und unser System 1 nach Kahneman ist die überwiegende Zeit am Steuer. Um unser Denken nicht davongaloppieren zu lassen und impulsiv zu handeln, raten uns die Stoiker zur gedanklichen Zwischenbremse, zu einem Innehalten.

Eine solche Pause hat der österreichische Psychiater Viktor Frankl als den Raum zwischen Reiz und Reaktion beschrieben. Viktor Frankl ist der Begründer der Logotherapie, einer Therapieform, die die Sinnsuche des Menschen in den Mittelpunkt stellt. Frankl war meiner Kenntnis nach kein bekennender Stoiker, aber viele seiner Ansätze sind der stoischen Philosophie ähnlich. Frankl war Holocaust-Überlebender. In seinen Jahren der Haft in verschiedenen Konzentrationslagern blieb Frankl nur noch die innere Freiheit, auf die menschenverachtenden Umstände um ihn herum zu reagieren.[22]

Es geht also darum, einen ersten Eindruck zu hinterfragen und sich nicht zu vorschnellen Annahmen und Urteilen hinreißen zu lassen. Nicht sofort »re«-agieren, sondern pausieren, nachdenken, einen Ablauf unterbrechen. Im hektischen Alltag Zeit für die gedankliche Pause, und sei sie auch noch so klein, zu finden, ist schwierig. Wir haben den Kopf sowieso schon so voll, voller Mental Load, von morgens bis abends klappern wir To-do-Listen ab und versuchen, verschiedenen Bedürfnissen gerecht zu werden. Druck, Unruhe, Hektik, Anfragen, Sorgen, Lärm, all das bestimmt unseren Alltag, gerade in der Großstadt und gerade in den Jahren, in denen man das Gefühl hat, man müsste sein Leben jetzt richtig »aufgleisen«, da sonst der Zug abgefahren ist für ein gelungenes Leben, während die anderen an einem vorbeiziehen.

Es ist harte Arbeit, erste Eindrücke zu hinterfragen. Aber wir haben uns die Zeit verdient und müssen sie uns nehmen, diese Zeit, um einmal kurz durchzuatmen und unsere Automatismen auszubremsen. Nur so können wir ausbrechen aus alten Gewohnheiten und Denkmustern, die nicht mehr zu uns passen. Für einen tiefen Atemzug, für einen kurzen Moment, in dem wir vielleicht die Augen schließen. Um das, was außen passiert, auszublenden und uns auf unser Inneres zu konzentrieren. Mark Aurel schreibt: »Menschen versuchen immer, alles hinter sich zu lassen – auf dem Land, am Strand, in den Bergen. Und man wünscht sich stets, man könnte dasselbe tun. Was idiotisch ist: Schließlich kannst du immer fort, wenn du willst. Indem du den Blick nach innen richtest. Nirgendwo sonst wirst du mehr Frieden finden – frei von Ablenkung sein – als in der eigenen Seele ... Ein Augenblick der Sammlung und schon ist die vollkommene Gelassenheit da. Und mit Gelassenheit meine ich eine Art der Harmonie.«

10.3 Selbsterkenntnis

Gnothi seauton (griechisch für »Erkenne, was du bist«), so lautete die Inschrift am Tempel des Apollon von Delphi. Delphi war der Mittelpunkt des antiken Griechenlands. Der Name leitet sich interessanterweise vermutlich von dem griechischen Wort für Gebärmutter ab, *delphys*. Das berühmte Orakel dort wurde von einer weissagenden Priesterin ausgeführt, der sogenannten Pythia. Die amtierende Pythia saß auf einer Art Hocker über einer Erdspalte, aus der betäubende Gase entwichen, und wurde in einem Zustand der Trance von Menschen aus der ganzen antiken Welt um Rat gefragt.

Heutzutage mutet die Praxis, eine Frau in einen Zustand von Betäubung zu versetzen, um sie zu befragen, mehr als fragwürdig an, doch in der Antike hatte die Pythia eine hochangesehene gesellschaftliche Position inne. Auch Zenon von Kitium hat als junger

Mann das Orakel gefragt, wie er sein Leben bestmöglich gestalten solle, und erhielt den kryptischen Rat, dass er die Hautfarbe der Toten annehmen solle. Daraus schloss Zenon glücklicherweise nicht, dass er sich das Leben nehmen oder grundsätzlich Sonnenlicht vermeiden müsse, sondern dass er die Bücher der Verstorbenen lesen solle. Deswegen wandte er sich der Philosophie zu. Es war also die Pythia, eine Frau, die ihm den Rat gegeben hat, sich der Philosophie zu widmen, was dazu führte, dass er sich Krates als Lehrer anschloss und letztlich den Stoizismus begründete. Das wird in der Mannosphäre eher selten erwähnt.

»Erkenne, was du bist« oder auch »Erkenne dich selbst«, diese Maxime steht maßgeblich für die Philosophie *des* Denkers der Antike, des berühmten Sokrates. Er war eine große Inspiration für alle Stoiker und wurde sogar teilweise als Weiser betrachtet, obwohl – oder gerade weil – Sokrates bekannterweise festgestellt hat, dass er lediglich weiß, dass er nichts weiß.

Was können wir heute noch mit der Aufforderung, uns selbst zu (er)kennen, anfangen? Wie kann Selbsterkenntnis überhaupt stattfinden? Ist es angesichts von kognitiven Verzerrungen und den Geschichten, die wir uns über uns erzählen, nicht unmöglich, ein objektives Bild von uns selbst zu erhalten? Und sind wir immer dieselbe Person oder verändern wir uns entscheidend im Verlauf unseres Lebens?

Die Erkenntnis darüber, wer man ist und was einen antreibt, ist wesentlicher Bestandteil dessen, was ich unter stoische Achtsamkeit fasse. Wenn man nicht weiß, wer man ist und wo man überhaupt hinmöchte, kann man auch nirgendwo ankommen, ich erinnere an Senecas Bild von Hafen und Wind. Über die eigenen Stärken und Schwächen haben wir alle schon einmal nachgedacht, und wenn es nur sei, um im Jobinterview eine passende Antwort auf die unvermeidliche Frage danach parat zu haben. Vielleicht hast du das

Ergebnis deiner Überlegungen zu deinen Stärken und Schwächen auch schon einmal abgeglichen mit denen, die eine gute Freundin oder ein guter Freund dir zuschreiben würde. Wenn nicht, nimm dir doch mal ein Papier und schreib sie auf, deine Charaktereigenschaften, das, was dich ausmacht und von anderen unterscheidet. Wenn du deine schwächeren Eigenschaften notiert hast, frage dich, in welchen Situationen und in Gegenwart von welchen Personen diese Eigenschaften besonders stark zum Tragen kommen. Das sind die Situationen, die du nach Ansicht der Stoiker meiden, und das sind die Personen, von denen du dich fernhalten solltest, jedenfalls so lange, bis du stark genug und in deiner Praxis weit genug fortgeschritten bist, um dich nicht hin- und mitreißen zu lassen.

An welchen dieser deiner Charakterzüge kannst du arbeiten? An welchen möchtest du überhaupt arbeiten? Frag eine Person, der du vertraust, nach deinen »blinden Flecken«, also nach solchen Verhaltensweisen und Charakterzügen, die negative Auswirkungen auf andere haben können und derer du dir vielleicht nicht bewusst bist. Gleiche die Antworten mit deinem Selbstbild ab. Dabei können ein paar unangenehme Erkenntnisse zutage treten. Das sollte uns jedoch nicht davon abhalten, die Fragen zu stellen. Mark Aurel schreibt in seinem Tagebuch: »Ich bin auf der Suche nach der Wahrheit, und die Wahrheit hat noch niemandem geschadet. Was uns aber schadet, ist, auf Selbsttäuschung und Unsicherheit zu beharren.«

Unser Selbstbild ist eng verwoben mit den Rollen, die wir in unserem sozialen Umfeld spielen. Wenn dir zum Beispiel von klein auf in deiner Familie gesagt wurde, dass du »die Wilde und Impulsive« bist, dann haftet dir dieses Etikett im Erwachsenenalter immer noch an. Vielleicht bist du »die Schüchterne« in deinem Freundeskreis oder »die Macherin« in deiner Beziehung. Aber viele dieser Etiketten sind zu eindimensional oder treffen nur in gewissen Situationen zu. Sich darüber bewusst zu werden, welche Geschichten und Etiketten zu uns gehören, welche wir davon für unser weiteres Leben annehmen und welche wir ablegen möchten, ist ein notwendiger Schritt auf dem Weg, uns weiterzuentwickeln. Um eine Version unserer Selbst zu werden, in der wir brillieren können, glücklich sein und in der wir auch anderen dabei helfen können, sich besser zu fühlen. Solange wir leben, um die Erwartungen, die andere oder gar »die Gesellschaft« als Ganzes an uns haben, zu erfüllen, anstatt unsere innere Exzellenz zu entwickeln, können wir nicht das Beste aus uns herausholen.

10.4 Der Wert von Zeit

Seneca war einer der reichsten Menschen seiner Zeit. Er besaß alles, was sich der wohlhabende Römer der Antike nur wünschen konnte, doch was nennt er seinen wertvollsten Besitz? Seine Zeit. Die Zeit bezeichnet er als das einzige Gut, das man nie zurückerhalten kann, wenn man es weggibt, weswegen man äußerst sorgsam damit umgehen sollte. Seneca versteht nicht, warum man anderen dieses kostbare Gut so unreflektiert opfert, während man sonst so vorsichtig mit seinem Besitz verfährt. Seiner Ansicht nach ist das Leben auch nicht zu kurz, nein, das Problem ist, dass wir den größten Teil davon verschwenden. Als Verschwendung empfindet er, wenn sich die Menschen mit Geschäften belasten, um besser leben zu können. Auf Kosten des Lebens richten sich Menschen seiner Ansicht nach ihr Leben ein. Ich verstehe Seneca hier so, dass wir unsere Zeit viel zu sehr darauf verwenden, auf in der Zukunft liegende Ziele, allem voran materieller Natur, hinzuarbeiten, anstatt in der Gegenwart zu leben. Wenn er von den »Geschäften« schreibt, meint er wohl vor allem schnöde Erwerbsarbeit. Er empfiehlt in seinem Aufsatz »Von der Kürze des Lebens«, als er sich nach acht Jahren in der Verbannung wieder zurück in Rom befand, die Lebenszeit auf den Rückzug ins Private und das Erlangen von Weisheit zu verwenden.

So spricht es sich natürlich leichter, wenn Geld kein Thema mehr ist und man keine Menschen um sich herum hat, um die man sich kümmern muss und möchte. Den meisten von uns ist durchaus bewusst, wie kostbar unsere Zeit ist – nur dass Zwänge von außen wie die Tatsache, dass man seinen Lebensunterhalt verdienen muss und/oder kleine Menschen einen 24 Stunden am Tag brauchen, leider dazu führen, dass wenig bis nichts davon übrigbleibt. Für Telefonate oder Treffen mit Freundinnen, für das Pflegen von Hobbys, das Lesen eines Buches – vom Philosophieren und Müßiggang mal ganz zu schweigen. Können wir trotzdem aus Senecas Mahnung und Schwerpunktlegung auf das Thema Zeit etwas für uns mitnehmen?

Wir können zum Beispiel damit anfangen, öfter einmal Nein zu sagen zu Zeitfressern, die uns zusätzlich zu unseren vorhandenen Pflichten Lebenszeit stehlen. Zu Verabredungen und Meetings, die nicht sein müssen, die keinen wirklichen Mehrwert darstellen. Zu Gefallen, die man anderen tut, obwohl man eigentlich schon erschöpft und voll ausgelastet ist. Wir haben nur ein limitiertes Zeitkontingent, und wie wir darüber verfügen, ist wichtig. Wie Ryan Holiday es treffend zusammenfasst:[23] »Jedes Mal, wenn wir im Leben Ja zu einer Sache sagen, bedeutet das ein Nein zu der Möglichkeit, andere Dinge zu tun. Jede Zusage ist gleichzeitig eine Absage an andere Aktivitäten.«

Oft sagt man ganz automatisch Ja, das Wort geht einem schneller von der Zunge als ein Nein. Das liegt vermutlich daran, dass wir gefallen wollen, uns nicht unbeliebt machen wollen. Wir haben Angst davor, abgelehnt zu werden, wenn wir uns verweigern. Aber dabei vergessen wir, dass wir einen wertvollen Besitz hergeben. Unsere Zeit ist kostbar und begrenzt, keiner kann sie uns zurückbringen. Das müssen wir uns bewusst machen und uns fragen, ob der Preis nicht zu hoch ist, den wir zahlen, um den Erwartungen anderer Menschen an uns gerecht zu werden. Ob wir uns es nicht selbst schuldig sind, unsere Zeit so einzusetzen, wie wir es für richtig halten, und dabei in Kauf zu nehmen, jemanden vor den Kopf zu stoßen. Andere zu enttäuschen ist uns unangenehm, das steckt tief in uns drinnen. Nur lassen wir uns im Endeffekt selbst hängen, wenn wir uns nicht trauen, auch einmal Nein zu sagen.

Wir können politisch und privat dafür kämpfen, dass unsere Sorgearbeit auch als Arbeitszeit gesehen und geschätzt wird, und für unser Recht einstehen, auch Zeit »nur« für uns zu haben. Dafür sorgen, dass in unseren Beziehungen eine gerechte Aufgabenverteilung stattfindet und nicht der Großteil der *Mental Load*, also der unsichtbaren Aufgaben, die wir nebenher abarbeiten, an einer Person hängen bleibt. Wenn wir in der privilegierten Situation sind, auf den nächsten Karriereschritt finanziell nicht angewiesen zu sein oder weniger Stunden arbeiten zu können, können wir überlegen, ob der größere Wert für uns nicht darin liegt, weniger zu arbeiten und dafür mehr Lebenszeit für die Dinge zu erhalten, die uns wichtig sind.

Wir können versuchen, mehr Achtsamkeit in unseren Tag zu bringen, indem wir uns selbst beobachten und wahrnehmen, womit wir unsere freie Zeit füllen. Eigentlich wissen wir es schon, dass uns die Stunde Instagram vor dem Zubettgehen nicht guttut. Haben wir etwas daraus gelernt? Meistens nicht. Hätten wir sie sinnvoller einsetzen können? Vermutlich. Hat sie uns denn wenigstens die verdiente Entspannung gebracht? In den seltensten Fällen. Wenn die Antworten auf diese Fragen negativ ausfallen, sollten wir uns etwas überlegen, um unseren Impuls und unser Verlangen in den Griff zu bekommen. Vielleicht ist es eine freiwillige Beschränkung der Zugangszeit, vielleicht müssen wir die ganze App deinstallieren. Wir können unsere Zeit zielgerichtet auf einige wenige Dinge einsetzen, anstatt unsere Aufmerksamkeit zu zerstreuen: Seneca empfiehlt seinem Freund Lucilius etwa, nicht zu viele Autoren und Bücher gleichzeitig zu lesen, sondern sich auf einige wenige zu begrenzen, um wirklich etwas Wertvolles aus der Lektüre zu ziehen. Nirgends sei, wer überall sei.

Wir können uns auf die Gegenwart konzentrieren, anstatt über die Vergangenheit zu grübeln oder uns über die Zukunft zu sorgen. Darauf vertrauen, dass, wenn es so weit ist, uns die richtigen Werkzeuge zur Verfügung stehen werden, um die Situation, um die es dann geht, zu lösen. Und schließlich können wir Mark Aurels Worte über den Wandel und die Vergänglichkeit auf uns wirken lassen: »Die Zeit ist ein Fluss, ein reißender Strom der Ereignisse, kaum hat man einen Augenblick gesehen, ist er auch schon vorüber. Ein anderer folgt und ist ebenfalls gleich wieder fort.«

10.5 Stoischer Minimalismus

Dass die Stoiker Minimalisten waren, wird dich an diesem Punkt im Buch nicht mehr überraschen. Unser gesamter Besitz ist für sie ein *preferred indifferent*, also etwas, das zwar *axia* (Wert) hat, aber keinen moralischen Wert, sondern moralisch neutral ist und bei dem es auf die jeweilige Verwendung ankommt, um zu entscheiden, ob es gut oder schlecht ist. Sie hängen nicht im Geringsten an materiellen Dingen, denn Besitz unterliegt nicht unserer Kontrolle, er kann uns jederzeit wieder genommen werden. Deswegen dürfen wir uns nicht an ihn emotional binden, wenn wir unser Unglück vermeiden wollen. Wir dürfen materielle Dinge genießen, während wir sie um uns haben, aber wenn sie uns nicht mehr zur Verfügung stehen, müssen wir das akzeptieren und es darf uns nicht aus der (Seelen-) Ruhe bringen. Alles um uns herum betrachten die Stoiker nur als »eine Leihgabe des Universums«.

Dem mehr als wohlhabenden Seneca wird teilweise Doppelmoral unterstellt, da er als stoischer Philosoph in Reichtum schwelgte, anstatt bescheiden zu leben, doch zumindest behauptete er, auf seine Besitztümer verzichten zu können. Den Beweis dafür antreten musste er nicht und doch kann man sagen, dass er ein Mann seines Wortes war und seine Philosophie lebte: Als Kaiser Nero ihm befahl, sich umzubringen, da er Seneca verdächtigte, an einer Verschwörung gegen ihn beteiligt gewesen zu sein, tat Seneca dies ohne Umschweife wie einst sein Vorbild Sokrates.

Mark Aurel war als Kaiser und mächtigster Mensch im Römischen Weltreich in einer noch erhabeneren Position, aber sein Reichtum war ihm als Philosoph nicht wichtig. Er wollte schon als Jugendlicher lieber auf dem Boden schlafen als im Bett und gab nichts auf den Prunk im Palast, im Gegenteil, er musste sich, wie schon erwähnt, daran erinnern, dass man, *obwohl* man bei Hofe lebt, ein gutes Leben führen kann. Das Praktizieren von freiwilligen Härten wie die, neben statt auf dem Bett zu nächtigen, ist übrigens eine klassische stoische Übung, um an der eigenen Einstellung zu arbeiten (vgl. Übung 3 in Teil 2: *Härte dich ab*).

Epiktet sah uns als Sklaven unseres Besitzes und fand: Wirklich reich ist nicht, wer viel hat, sondern wer wenig braucht. »Denn Freiheit entsteht nicht durch die Erfüllung dessen, was man begehrt, sondern durch das Beseitigen der Begierde.« Sich vom Zwang des Konsums zu befreien tut heute genauso gut wie damals. Wir leben im Überfluss, und dass uns das Vollstopfen unserer Wohnungen nicht guttut, sondern belastet, und dass weniger mehr ist, das wissen spätestens seit Marie Kondo eigentlich alle. Aber trotzdem ist es schwer, sich in einer Welt, in der so viele Dinge jederzeit verfügbar sind und Äußerlichkeiten einen gesellschaftlich hohen Stellenwert haben, klarzumachen: Ich brauche eigentlich nichts mehr. Ich habe mehr als genug. Ich gehe dem Impuls, auf »Kaufen« zu klicken, heute nicht nach. Ich definiere mich nicht über meine neue Kleidung, die dem letzten Trend entspricht, sondern über meinen Charakter. Ich bin nicht, was ich habe. Ich bin, wer ich bin. Dazu gehört auch, andere nicht danach zu bewerten, was sie haben oder nicht haben, egal ob es Kleidung oder andere Statussymbole betrifft.

Mark Aurel fasst die Gedanken zur Achtsamkeit, Zeit und der Konzentration auf das Wesentliche so zusammen: »Wenn du nach Ruhe strebst, tue weniger.« Oder (genauer gesagt): »Tue nur das Wesentliche – was der *Logos,* [Anmerkung: die kosmische Vernunft] von einem sozialen Wesen fordert –, dies aber so, wie es gefordert ist. Dann bringt es zweifache Befriedigung: Du tust weniger besser. Denn der Großteil dessen, was wir sagen und tun, ist nicht wesentlich. Wenn du all dies ausschließen kannst, hast du mehr Zeit und innere Ruhe. Frage dich also in jedem Augenblick: ›Ist dies wirklich nötig?‹«

Einen reduzierten Ansatz vertraten die Stoiker auch, was ihre eigene Rede anging. Der Stoiker und römische Senator Cato wird von Plutarch mit den Worten zitiert: »Ich werde nur dann beginnen zu sprechen, wenn ich mir sicher bin, dass das, was ich sagen werde, nicht besser ungesagt bliebe.« Somit kam er vermutlich selten in die unangenehme Situation des *Oversharing*, bei der man zu viele persönliche Informationen preisgibt, was einem im Nachhinein dann peinlich ist. Vor allem wenn man über andere Menschen spricht, sollte man sich der Meinung der Stoiker nach besonders achtsam und korrekt ausdrücken. Epiktet mahnt: »Geht einer zu schnell ins Bad, so sage nicht: ›Er wäscht sich schlecht‹, sondern nur ›Er geht zu schnell ins Bad‹.« Was er damit meint, ist, dass wir unseren Mitmenschen schnell unsere eigenen Wertungen und Meinungen aufdrücken – und uns dabei regelmäßig irren. Statt über andere zu urteilen und uns potenziell hinterher zu schämen, weil wir falschlagen mit unseren vorschnellen Einschätzungen, sollten wir die Wirklichkeit möglichst neutral abbilden und keine eigenen Wertungen dazudichten.

Und auch beim Bereich der Nahrungsaufnahme ist der stoische Rat: Halte es einfach. Musonius Rufus beispielsweise, der Lehrer von Epiktet, proklamierte eine lokale, saisonale und vegetarische Ernährung. Preiswerte Lebensmittel sollte man den teuren vorziehen, und die, die im Überfluss vorhanden sind, jenen, die knapp sind. Am besten eignen sich seiner Meinung nach solche Lebensmittel, die sofort und ohne Feuer, also Kochen, verwendet werden können. Fleisch zu konsumieren hielt er für angemessener für die wilden Tiere, es sei schwerer verdaulich und dem Denken und der Vernunft hinderlich. Von Gourmet-Gaumenfreuden hielt er noch weniger, diese Maßlosigkeit und Genusssucht betrachtete er als Charakterschwäche. Wie bei jeder Tätigkeit bietet auch Essen in der stoischen Philosophie täglich eine Möglichkeit, die Tugenden konkret anzuwenden: Eine angemessene Menge statt Völlerei übt uns in Mäßigung. Wir praktizieren die Tugend der Gerechtigkeit, wenn wir in unser Essverhalten Erwägungen dahingehend einbeziehen, wo und unter welchen Umständen unser Essen hergestellt worden ist.

Kurz gesagt

- Die stoische Form von Achtsamkeit nennt sich *prosoche*. Darunter versteht man eine Art Aufmerksamkeit, ein dauerhaftes bewusstes Wahrnehmen der eigenen Gedanken und Gefühle. Wir beobachten unsere Gedanken und bemerken, wenn eine Emotion auftaucht. Wir befinden uns in einem wachen, aktiven Zustand von Selbstreflexion, in dem wir uns besser kennenlernen und weniger oft unreflektiert reagieren.
- Um vorschnelle, oft falsche Annahmen und Urteile zu vermeiden, müssen wir unseren einen ersten Eindruck hinterfragen. Dafür benötigen wir eine – und sei sie noch so kurze – Pause zwischen dem Impuls, der auf uns einwirkt, und unserer Reaktion darauf.
- Sich besser kennenzulernen, zu wissen, was die eigenen Stärken und Schwächen sind, was einem wichtig ist und worauf man im Leben hinarbeiten möchte, ist notwendig, um das eigene Leben authentisch und zielgerichtet in die Hand zu nehmen.
- Unsere Zeit ist unser wertvollster Besitz, den uns niemand wiedergeben kann. So wie mit einem wertvollen Schatz sollten wir auch mit ihr sehr sorgsam und bewusst umgehen und sie nicht an Dinge oder Menschen verschwenden, die sie nicht verdient haben.
- Nicht wer viel hat, ist wirklich reich, sondern wer wenig braucht. Mit wenig auszukommen, macht uns frei, löst uns aus der Abhängigkeit von externen Dingen.
- Minimalismus auf unterschiedlichen Ebenen in unserem Leben, sei es Besitz, Rede oder Ernährung, führt zu einer Konzentration auf das Wesentliche.

Kapitel 11

Vom Zusammenleben mit unseren Mitmenschen

Eine große Herausforderung stellt der Umgang mit den Menschen in unserer Umgebung dar. So sozial wir als Spezies auch sind, das Zusammenleben mit anderen, ob in der Familie oder in der Großstadt, ist eine tägliche Aufgabe und Geduldsprobe. Viele scheinen es sich geradezu in den Kopf gesetzt zu haben, uns möglichst effektiv zu nerven, zu quälen und zu verärgern. Was haben die Stoiker in der Trickkiste für den Umgang mit problematischen Menschen?

11.1 Problematische Begegnungen

Zunächst hilft es, sich noch einmal die Grundregel von Epiktet vor Augen zu führen: Wie sich andere Menschen verhalten, liegt nicht in unserer Hand. Wie wir darauf reagieren, allerdings umso mehr. So sehr wir uns auch wünschen, dass uns Leute auf eine gewisse

Art und Weise behandeln, oder es verabscheuen, wenn sie es auf eine andere Art und Weise tun – wir können es nicht ändern und müssen es somit akzeptieren, wenn wir uns nicht ständig wieder in einen Strudel von negativen Emotionen hineinziehen lassen wollen. Wenn wir zum Beispiel jemandem einen guten Rat in einer schwierigen Situation geben, dann ist das aus stoischer Sicht ein sinnvolles Unterfangen. Wir dürfen allerdings nicht davon ausgehen, dass dieser Rat auch angenommen wird, und enttäuscht oder frustriert reagieren, wenn er es nicht wird. Denn es ist gemäß der Dichotomie der Kontrolle eben nicht in unserer Macht zu bestimmen, wie andere handeln.

Wir können das Verhalten anderer Menschen nicht bestimmen, aber wir können auf unseren eigenen Charakter achten und darauf, dass wir richtig und angemessen mit anderen umgehen. Jemand, der sich schlecht und unsozial verhält, schädigt seinen eigenen Charakter. Epiktet beschreibt das anschaulich anhand einer Situation, die wir leider fast alle kennen: Opfer eines Diebstahls zu werden. In Epiktets Fall war es seine Öllampe aus Eisen, die ihm nachts entwendet wurde. Bestohlen werden fühlt sich mies an. Es ist ungerecht, wenn sich jemand an fremdem Eigentum bedient und auf den ersten Blick ein berechtigter Grund, sich aufzuregen und über die Dreistigkeit zu ärgern. Epiktet, in seinem philosophischen Training schon weiter fortgeschritten als das durchschnittliche Diebstahlsopfer, sieht das anders. Seiner Meinung nach hat er in dieser Situation weniger eingebüßt als der Dieb: Zwar hat er eine Lampe verloren, diese kann er aber am nächsten Tag durch eine andere ersetzen. Der Dieb hingegen hat seinen Charakter geschädigt, seine moralische Integrität eingebüßt und dadurch einen viel höheren Preis gezahlt.

Unser Charakter ist in der stoischen Philosophie unser einzig wahres Gut. Wenn sich jemand falsch verhält, ist das also in erster

Linie sein oder ihr Schaden. Uns betrifft es erst, wenn wir es zulassen. Wenn wir also unsererseits mit Wut oder Hass reagieren. Und wenn wir ehrlich sind, sind die meisten materiellen Dinge auch eher leicht zu ersetzen (sogar Ersatzausweispapiere sollen in naher Zukunft online zu beantragen sein, wenn es das Schicksal so will).

Der nächste wichtige Impuls ist eine Idee, die die Stoiker von Sokrates *himself* übernommen haben, den sogenannten moralischen Intellektualismus. Dieser besagt: Kein Mensch handelt absichtlich schlecht. Jeder Mensch handelt so, wie er es in der gegebenen Situation mit dem ihm vorhandenen Wissen für sich für richtig hält. Dabei handelt der Mensch aus Eigeninteresse. Weil er aber kein vollständiges Wissen hat, sondern recht wenig weiß, irrt er sich häufig dahingehend, was wirklich gut für ihn wäre (nämlich das Wohl der Allgemeinheit bei allen Entscheidungen und Handlungen im Blick zu haben und entsprechend weise zu handeln). Demnach müssen uns Menschen, die sich falsch verhalten, eher leidtun, als dass sie uns wütend machen. Sie haben unser Mitgefühl verdient statt unseren Hass. Sie haben noch nicht, wie Mark Aurel schreibt, als er sich mental auf die anstrengenden Menschen, auf die er im Verlauf des Tages treffen wird, vorbereitet, »die Schönheit des Guten gesehen«. Sie irren sich. Deswegen können wir sie ertragen. Deswegen können wir ihnen verzeihen.

Ein weiterer Gedanke ist, was ich schon im Rahmen von *Amor fati* (du erinnerst dich an die Parabel des chinesischen Bauern?) beschrieben habe: Wir wissen sehr viel weniger, als wir meinen. Nicht nur wissen wir nicht, was die Zukunft bringt, wir wissen schlicht nicht, was in einem anderen Menschen vorgeht, wie seine Lebensrealität gerade aussieht. Stattdessen springen wir zu vorschnellen Annahmen über das Verhalten anderer.

Vor Kurzem wurde ich auf der Straße grob beschimpft und mit beleidigenden Handzeichen bedacht, nachdem ich mit, meiner Meinung nach mehr als ausreichendem, Sicherheitsabstand an einem Mann, der neben seinem Auto stand, vorbeifuhr. Mein erster Instinkt war: Der spinnt ja wohl! Ich mache hier alles richtig und werde beleidigt? Dann setzte mein Denken ein und ich fragte mich: Was hat den Mann so aufgebracht? Hat er oder jemand, den er liebt, vielleicht einmal einen Unfall in einer ähnlichen Situation gehabt? Zumindest wird ihn meine Fahrweise verängstigt haben, sonst hätte er nicht so extrem reagiert. »Was müsste ich über den anderen Menschen wissen, um ihm sein Verhalten zu verzeihen?« Mit dieser Frage im Hinterkopf fällt es mir sehr viel leichter, nachsichtig mit anderen zu sein.

Als Nächstes empfehlen die Stoiker, bei jedem Fehlverhalten anderer zunächst vor der eigenen Haustür zu kehren: »Du hast selbst genug Fehler gemacht. Du bist genau wie sie. Und selbst wenn du einige Fehler vermieden hast, so hast du doch das Potenzial dazu. Selbst wenn dich die Feigheit davon abgehalten hat. Oder die Angst vor dem Gerede der Leute. Oder ein anderer, schlechter Grund«, so selbstkritisch geht Kaiser Mark Aurel mit sich um. Und an anderer Stelle: »Sei tolerant zu anderen und streng zu dir selbst.« Gibt es das als Stoßstangenaufkleber? Das würde vielleicht ein wenig Wut im Straßenverkehr mindern.

Je näher uns Menschen stehen, umso heikler und schneller emotional aufgeladen laufen konfrontative Begegnungen mit ihnen ab. Durch die gemeinsame Vergangenheit ist das Verhältnis vorgeprägt, entwickeln sich bestimmte Streitmuster wie automatisch, ein Satz bedingt den anderen. Epiktet rät, uns klarzumachen, dass wir auch in diesen Situationen immer noch eine Wahlmöglichkeit haben, den Kreislauf zu durchbrechen:

> *»Jede Sache lässt sich von zwei Seiten nehmen: Auf der einen lässt es sich tragen, auf der anderen nicht. Wenn dir dein Bruder Unrecht tut, so nimm es nicht von der Seite, dass er dir Unrecht tut, denn das ist die Seite, auf der es sich nicht tragen lässt; sondern lieber von der Seite, dass er dein Bruder ist und ihr miteinander aufgewachsen seid; so wirst du es von der Seite nehmen, auf welcher es sich tragen lässt.«*

Für einen sonst recht trockenen Knochen wie Epiktet schwingt in dieser Aussage viel Liebe mit. Wenn wir in einer Streitsituation den größeren Zusammenhang betrachten, unser gewachsenes Verhältnis, unsere lange Verbundenheit sehen, anstatt sich im Eifer des Gefechts an einer einzigen Aussage aufzuhängen, wenn wir also herauszoomen und unsere Beziehung im Ganzen betrachten, dann hilft uns das dabei, den anderen mit den Augen der Nachsicht und des Wohlwollens zu betrachten anstatt als momentanen Feind. Wir haben es in uns, diese Sichtweise einzunehmen, wenn wir es nur wollen.

Abgrenzen möchte ich den nachsichtigen und großzügigen Umgang mit anderen mit etwas, dass sich als *doormatism* beschreiben lässt – zum Fußabtreter für alle zu werden. Sich Mal um Mal schlecht behandeln zu lassen und es zu ertragen, bis man schließlich daran zerbricht. Obwohl wir uns nicht jeden Schuh anziehen müssen und über vieles hinwegsehen können, gilt es trotzdem, Grenzen zu ziehen und den Umgang mit einer Person wenn möglich zu beenden oder weitestgehend einzuschränken, wenn sich diese wiederholt schlecht verhält. Und es ist auch nicht unstoisch zu sagen: »Bis hierhin und nicht weiter, ich lasse so nicht mit mir umgehen.« Im Gegenteil, es ist mutig und wichtig, für sich einzustehen.

Selbst wenn es uns nicht gelingt, dermaßen großzügig mit den Fehlern anderer umzugehen, raten die Stoiker, wie du bereits weißt, von einer Reaktion ganz stark ab: dem Drang, uns zu rächen für entstandenen Schaden und verletzte Gefühle, dem Bedürfnis, es der anderen Person heimzuzahlen. Denn auch hier würden wir den eigentlichen Schaden noch um ein Vielfaches verschlimmern, da wir den giftigen Pfeil immer auch ein Stück weit auf uns selbst richten und unseren guten Charakter beschädigen. Wir vertiefen den entstandenen Schaden noch und tun uns selbst weh, wenn wir uns weiter mit dem Unrecht beschäftigen, wenn wir kostbare Lebenszeit und Ressourcen darauf verwenden, jemand anderem zu schaden. Wenn wie es schaffen, innerlich loszulassen und unseren Blick auf unsere Projekte und die Zukunft zu richten, anstatt zurückzublicken, helfen wir uns selbst am meisten weiter.

11.2 Umgang mit Kritik (und inneren Kritikern)

Gerne kritisiert werden, das ist für die meisten Menschen ein Widerspruch in sich. Zumindest wenn es sich bei der Kritik nicht um sehr konstruktive Kritik handelt oder sogar um positive Kritik, also um Lob. Sosehr wir betonen, dass Feedback wichtig ist, so ungern haben wir es, wenn dieses dann negativ ausfällt. Kritik an unserem Verhalten verletzt unseren Selbstwert und hinterlässt uns entweder wütend, da wir uns falsch beurteilt fühlen, oder traurig und beschämt, wenn wir die Kritik im Kern für wahr halten.

Die Stoiker geben eine hilfreiche Struktur für den Umgang mit Kritik vor. Zunächst ist für sie entscheidend, von wem wir kritisiert werden. Ist es jemand, auf dessen Meinung wir Wert legen? Und ist es ferner jemand, der beurteilen kann, über was er spricht? Kennt uns die Person gut genug, um sich ein derartiges Urteil erlauben zu können?

Handelt es sich um jemanden, mit dessen Werten wir nicht übereinstimmen, von dessen Charakter wir keine hohe Meinung haben, dann ist die Kritik sofort zu verwerfen und als irrelevant zu betrachten. »Wenn du Beleidigungen, Hass oder was auch immer begegnest ... sieh in die Seele der Menschen. In sie hinein. Schau, welche Art Mensch sie sind. Und du wirst feststellen, dass du dir keine Mühe geben musst, sie zu beeindrucken«, schreibt Mark Aurel, der als Herrscher über ein Imperium eine Vielzahl politischer Gegner hatte und unbeliebte Entscheidungen fällen musste. Von einigen Menschen muss man sich also Kritik generell nicht zu Herzen nehmen.

Auch wenn es sich bei der Kritik um die Meinung einer Person handelt, die für uns relevant ist, stellt sich die Frage: Warum kritisiert sie uns, was sind ihre Beweggründe? »Dringe zu ihrem Geist vor und du wirst dort die Richter finden, vor denen du dich so fürchtest – und wie umsichtig sie sich selbst beurteilen.« Auch Menschen, die du liebst und schätzt, haben ihre eigenen, oft unaufgearbeiteten Themen und übertragen diese unbewusst auf andere. Sich dessen bewusst zu sein hilft, Kritik richtig einzuordnen.

Die nächste Frage ist dann, ob es sich um berechtigte Kritik handelt. Also ob wir die Kritik nach eingehender Prüfung für in der Sache zutreffend befinden. Wenn ja, wunderbar. Dann sollten wir uns freuen, dass uns jemand die Chance aufgetan hat, unsere Unzulänglichkeiten zu verbessern. Statt beleidigt zu schmollen, sollten wir die Kritik dankend annehmen. Zu Tugenden wie der Selbstdisziplin und der Weisheit gehört nämlich auch die Frage, wie wir mit Scheitern und Fehlern umgehen. In unserer Leistungsgesellschaft herrscht eine große Angst, für Fehler abgestraft zu werden. Politiker fürchten, abgewählt zu werden, wenn sie zu gemachten

Fehlern stehen, weswegen sie solche nur äußerst ungern und in Form der Salami-Taktik zugeben – was dann meistens erst recht zur Abwahl führt.

In den wenigsten Unternehmen gibt es eine positive Fehlerkultur, in der nicht nur keine Repressalien zu erwarten sind, wenn einmal etwas schiefgelaufen ist, sondern es sogar ausdrücklich gern gesehen wird, wenn Fehler klar benannt werden, um das Gesamtprodukt zu verbessern. Dabei gehören Fehler zu jedem Leben dazu und sind eine Chance zum Lernen. Mit Mark Aurels Worten: »Wenn mich jemand widerlegen kann – mir zeigen, dass ich einen Fehler mache oder eine Angelegenheit aus dem falschen Blickwinkel betrachte –, dann will ich mich gerne ändern. Ich bin auf der Suche nach der Wahrheit, und die Wahrheit hat noch niemandem geschadet. Was uns aber schadet, ist, auf Selbsttäuschung und Unwissenheit zu beharren.«

Und wenn es sich aber um unberechtigte Kritik handelt? Dann können wir mit Epiktet sagen: Das geht mich nichts an. So einfach ist, zumindest theoretisch, die Sache mit der Kritik.

Unsere ärgste Kritikerin sind wir ohnehin meistens selbst. Was wir alles an uns nicht mögen und als mangelhaft wahrnehmen, ist bei Weitem mehr als das, was Menschen in unserem inneren Kreis gewöhnlich an uns stört. Oder zumindest etwas ganz anderes. Ein großer Teil unserer Selbstkritik beruht darauf, dass wir bestimmte, teilweise auch nur vermeintliche, Rollenerwartungen nicht erfüllen, die uns gesellschaftlich vorgegeben sind oder scheinen. Wir schämen uns und sind unzufrieden, weil wir etwas falsch oder nicht gut genug machen, nicht der Norm entsprechen, nicht schaffen, was andere erreichen.

Im Stoizismus sind diese externen Faktoren nicht wichtig. Externe Anerkennung bedeutet nichts. Das einzig Relevante ist, ob wir einen guten Charakter in unseren täglichen Handlungen zeigen.

Ob wir fair, gerecht, mutig, umsichtig, nachsichtig und abgewogen handeln oder es zumindest versuchen. Respekt vor uns erreichen wir, indem wir mit unseren Grundwerten im Einklang leben. Es ist schwierig, sich von der Sicht zu distanzieren, die von außen und mit den Werten anderer auf uns blickt, weil wir so sozialisiert worden sind. Als Herdentier haben wir Angst, aus der sozialen Gruppe ausgeschlossen zu werden. Sich davon freizumachen, was andere von uns halten, und das Augenmerk darauf zu richten, was uns wichtig ist und ob wir danach leben, das ist der Weg zu persönlicher Freiheit und Zufriedenheit.

11.3 Von der Selbstliebe zur Liebe für andere

Ein wichtiges Kernstück der stoischen Ethik habe ich mir bis zum Schluss aufgehoben. Dabei sind die folgenden beiden Konzepte besonders wichtig in der stoischen Ethik, da sie die Grundlage für das Verhältnis des einzelnen Menschen zu seinen Mitmenschen und seiner Umwelt bilden. Es handelt sich um die Kreise des Hierokles und das Prinzip von *oikeiosis.*

Der griechische Begriff *oikeiosis* bedeutet »Aneignung« oder »Zueignung«. In der stoischen Philosophie kommt der Mensch auf die Welt und ist zunächst von Eigeninteresse geleitet. Der Selbsterhaltungstrieb dominiert, um unser Überleben zu sichern. Daran ist nichts Böses oder Schlechtes, sondern liegt schlichtweg in unserer Natur. Wenn wir allerdings aufwachsen und lernen, begeben wir uns auf einen Weg, der uns von der reinen Sorge um uns selbst zur Sorge um andere führt. Ein Prozess beginnt.

Wie dieser aussieht, beschreibt Hierokles, ein stoischer Philosoph und Zeitgenosse Mark Aurels, mit dem Bild von konzentrischen Kreisen. Der Kreis in der Mitte sind wir selbst. Der engste Kreis um uns herum ist unsere Familie, die Menschen, mit denen wir von Geburt an am engsten verbunden sind. Um diesen Kreis herum folgt ein weiterer Kreis mit unseren Freunden, dann einer für die Gesellschaft, in der wir leben, und schließlich ein Kreis stellvertretend für die gesamte Menschheit. Moderne Stoiker[24] haben diese Kreise um einen weiteren Kreis erweitert und auch die Umwelt, also unseren Planeten Erde, miteinbezogen.

Die Idee ist nun, dass wir uns diese unterschiedlichen Kreise über die Zeit, in der wir moralisch wachsen, aneignen. Wir ziehen sie näher an uns heran, sodass wir uns ganz eng verbunden fühlen, selbst mit Menschen, die räumlich sehr weit von uns entfernt sind. Wir ziehen sie so nah an uns heran, bis sie sich anfühlen wie ein Teil von uns. Unsere Freundinnen sind uns dann so nah wie die Familie, unsere Mitbürgerinnen unserer Stadt behandeln wir wie Freundinnen. Flüchtlinge und Menschen auf der anderen Seite der Erde werden zu unseren Mitbürgerinnen. Das bedeutet Kosmopolitismus: eine Welt, in der alle Menschen derselben großen Gemeinschaft angehören, der Weltgemeinschaft.

Dabei ist auch den Stoikern klar gewesen, dass uns manche Menschen näherstehen als andere und dass wir uns in erster Linie um diese Menschen sorgen und kümmern. Natürlich liegt uns unsere Schwester näher am Herzen als eine Fremde in der U-Bahn. Wir haben engere Verbindungen und Pflichten in Bezug auf uns nahestehende Menschen. Es ist leichter, Fürsorge und Liebe für die Menschen zu empfinden, die in den Kreisen ganz nah um uns herum sind. Aber auch Menschen, die wir nicht persönlich kennen, haben es in der stoischen Philosophie verdient, dass wir sie in unsere Fürsorge miteinbeziehen.

Es gibt verschiedene Wege, um dies zu erreichen. Eine Möglichkeit ist eine Meditation, die der buddhistischen Metta-Meditation oder Loving-Kindness-Meditation ähnelt. Dabei senden wir positive Gedanken von uns selbst ausgehend hinaus in die Welt, zunächst an Menschen, die uns nahe sind, und dann auch an solche, die wir gar nicht persönlich kennen, oder sogar an solche, mit denen wir, aus welchen Gründen auch immer, ein schwieriges Verhältnis haben.

Ein wichtiger Schritt, der gemacht werden muss, bevor man andere bedingungslos lieben und annehmen kann, ist, sich selbst so anzunehmen, wie man ist. Den eigenen Körper zu fühlen, zu akzeptieren und wertzuschätzen, auch wenn Teile von ihm uns vielleicht frustrieren, weil sie nicht oder anders funktionieren oder anders aussehen als die eines Normkörpers. Danach können wir unsere Fürsorge und Liebe auf Menschen in unserem Umkreis und dann weiter entfernt ausstrahlen lassen. Dabei erinnern wir uns daran, dass andere Menschen, auch wenn sie uns verärgern, nicht absichtlich böse handeln, sondern weil sie es nicht besser wissen.

Indem wir unsere Kreise derart erweitern, können wir uns in der Welt zu Hause fühlen und im Einklang mit unserer Natur leben. Wahre Zufriedenheit und nachhaltiges Glück erleben. Das ist eines der befriedigendsten Gefühle überhaupt und der Grund, warum Stoizismus so viel mehr ist als nur eine Abhärtung für harte Zeiten (obwohl wir diesen Aspekt heute auch sehr gut gebrauchen können, wo viele Dinge um uns herum passieren, auf die wir nur sehr wenig Einfluss haben, aber die unser Leben unmittelbar prägen, wie Kriege, Pandemien und der Klimawandel). Das ist es, warum Stoizismus eine ganzheitliche Philosophie ist, mit der man ein gutes Leben führen kann – für uns und für andere.

Kurz gesagt

- Im Umgang mit schwierigen Mitmenschen halten sich Stoiker vor Augen, dass wir nur unser eigenes Verhalten in unserer Hand haben und nicht das unserer Mitmenschen. Wir können angemessen reagieren, auch wenn andere sich danebenbenehmen.
- Menschen, die sich schlecht verhalten, tun das, weil sie es nicht besser wissen. Zwar befinden sie sich im Irrtum, aus ihrer Sicht heraus handeln sie allerdings korrekt. Ihnen mit Nachsicht zu begegnen ist angebrachter, als sich zu ärgern, verständnislos zu sein oder gar mit gleicher Münze zurückzuzahlen.
- Wenn wir Kritik erfahren, sollten wir uns zunächst fragen, ob die kritisierende Person überhaupt in einer Position ist, uns zu bewerten, und ob wir so viel von ihr charakterlich halten, dass uns ihre Meinung wichtig ist. Wenn das der Fall ist und es sich dann um berechtigte Kritik handelt, kann man diese, dankbar für die Gelegenheit, sich zu bessern, annehmen. Ist die Kritik nach unserer eingehenden Prüfung unberechtigt, so ist sie zu verwerfen und sollte uns nicht weiter belasten.
- Im stoischen Weltbild ist es unserer menschlichen Natur immanent, uns um das Wohlergehen anderer zu sorgen. Ausgehend vom Überlebensinstinkt eines Kleinkindes ist es Teil der moralischen Entwicklung, Liebe und Interesse am Wohlergehen anderer Menschen, nah und fern, zu entwickeln.

Teil 2

Stoische Übungen

Im ersten Teil des Buches hast du einen Überblick über wichtige Grundkonzepte der stoischen Philosophie bekommen, hast den Theorieteil absolviert. Nun wenden wir uns der zweiten Hälfte, die eine Lebensphilosophie ausmacht, zu: den praktischen Übungen. Im Folgenden werde ich dir eine Auswahl von stoischen Übungen vorstellen, mit deren Hilfe die Theorie der stoischen Philosophie in die Praxis umgesetzt werden kann. Denn wer nur in der Theorie und Abstraktion verharrt, hat eine Lebensphilosophie nicht verstanden: Gerade die konkrete Anwendung und Übung ist entscheidend, um an sich selbst zu arbeiten und sich zu verbessern. »Tugend«, so sagte Musonius Rufus, »ist nicht nur ein theoretisches Wissen, sondern auch eine praktische Anwendung, genau wie die Heilkunst und die Musik.«

Diese Übungen sind jedoch kein über die Jahrzehnte und Jahrhunderte fortgeführtes Übungsprogramm, das jeder *prokopton* (Mensch, der Fortschritt macht auf dem stoischen Weg) klassischerweise absolvierte, quasi ein Programmheftchen voller mentaler Gymnastik. Man kann sie vielmehr direkt und indirekt aus den stoischen Texten entnehmen. Sie spiegeln Praktiken wider, die viele Stoiker durchgeführt haben, um ihre Überzeugung in den Alltag mitzunehmen. Die wichtigste »Praxis« überhaupt ist meiner Meinung nach die stoische Achtsamkeit, *prosoche,* die ständig im Hintergrund abläuft, während man sein Leben bestreitet: die stetige Aufmerksamkeit dahingehend, was in der eigenen Macht steht und was nicht, was man fühlt, welche Werturteile man fällt und welche Entscheidungen man auf welcher Basis trifft. Dies ist ein andauernder Prozess, bei dem man sich immer wieder selbst überprüft.

Du wirst sehen, dass die Übungen sehr unterschiedlich ausgestaltet sind. Manche, wie die Praxis des Abhärtens, sind praktisch durchführbar und wirken körperlich, andere sind mentale Übungen, Reflexionen und Meditationen. Der Mensch soll sich – nach Musonius Rufus – um beide Übungsarten bemühen, um die für den Körper und um die für die Seele. Nicht jede Übung passt zu jeder Persönlichkeit. Vielen Menschen hilft es etwa, ein philosophisches Tagebuch zu schreiben, denn durch die Verschriftlichung werden ihre Gedanken real und greifbar. Andere können dieser Praxis nicht so viel abgewinnen und reflektieren lieber bei einem Abendspaziergang über den vergangenen Tag. Finde heraus, was für dich funktioniert!

Übung 1

Abendroutine/ Reflexion

»Wenn das Licht entfernt und meine Gattin, bekannt mit meiner Gewohnheit, verstummt ist, überschaue ich meinen ganzen Tag und wäge meine Handlungen und Äußerungen ab; nichts bleibt mir verborgen, nichts übergehe ich. Warum sollte ich mich denn auch vor meinen Verfehlungen fürchten, da ich sagen kann: Gib acht, dass du das nicht wieder tust, für diesmal sei es dir verziehen.«

Seneca, *Drei Bücher vom Zorn,* 3.36

Warum wir das machen:

In der stoischen Philosophie besteht das gelungene Leben darin, sich auf den Weg zu machen und sich kontinuierlich charakterlich zu bessern. Sich zu bessern setzt voraus, sich der eigenen Schwächen bewusst zu werden, um dann an ihnen zu arbeiten. Sich bessern heißt zu lernen, wie man sich angemessen in der Welt verhält, und dann auch entsprechend zu handeln. Jeder kleine Fortschritt, jede nach außen tretende Handlung ist Teil unseres geänderten Charakters. Um seinen Fortschritt zu beobachten, ist es wichtig, ihn zu dokumentieren. So legen wir uns selbst gegenüber Rechenschaft ab, überprüfen, wie weit wir schon gekommen sind und wo noch Handlungsbedarf besteht. Der eigene Charakter ist ein fortschreitendes Projekt, wie eine Baustelle, auf der es mal schneller, mal zäher vorangeht.

Wie es funktioniert:

Es gibt verschiedene Arten, die philosophische Selbstreflexion durchzuführen. Oft wird empfohlen, ein philosophisches Tagebuch zu führen. Im philosophischen Tagebuch hältst du wichtige Ereignisse deines Tages sowie deine Reaktionen darauf fest. Es werden die Momente sein, in denen du starke Emotionen gefühlt hast.

Du stellst dir folgende Fragen:

Was ist mir heute gelungen, was habe ich gut gemacht?
Was ist heute nicht gut gelaufen?
Wie kann ich es morgen besser machen?

Wichtig ist dabei, nicht lange über vergangene Fehler zu grübeln oder sich Vorwürfe zu machen. Was geschehen ist, ist geschehen, es ist nicht mehr abänderbar. Wir haben es allerdings in der eigenen Hand, daraus zu lernen und unser Verhalten zu ändern. Sich selbst zu vergeben ist ein zentraler Schritt des Prozesses: Wir sollen mit uns selbst sprechen, wie es eine gute Freundin täte. Die würde wohl auch kaum sagen: »Wie blöd von dir, das hast du verbockt«, sondern eher: »Das kann passieren, das nächste Mal machst du es besser.« Für das, was uns gelungen ist, dürfen wir uns auch ruhig selbst einmal auf die Schulter klopfen und uns loben – wiederum, wie es eine gute Freundin tun würde.

Schreiben kann sich anfühlen, als ob man den geistigen Mülleimer einmal ausleert: Dadurch, dass man die Gedanken aufs

Papier bringt, kann man sich ihrer entledigen, sie ablegen. Oft werden Gedanken erst durch das Aufschreiben gegenständlich, man merkt erst im Prozess des Schreibens, was man tatsächlich denkt, und ist überrascht. Wenn dir Schreiben nicht liegt, kannst du auch im Kopf durch die Fragen gehen, vielleicht bei einem Abendspaziergang durch die Nachbarschaft oder in einer ruhigen Ecke deiner Wohnung. Falls du zu den Menschen gehörst, die einschlafen, sobald ihr Kopf das Kissen berührt, führe die Übung am besten nicht aus, während du im Bett liegst, sondern schon davor.

ÜBUNG 2

PREMEDITATIO MALORUM

»Bei so unaufhörlichem Auf- und Abschwanken aller menschlichen Dinge musst du alles, was möglicherweise eintreten kann, als dir wirklich bevorstehend ansehen; sonst räumst du dem Unglück eine Macht über dich ein, die derjenige bricht, der beizeiten sich vorsieht.«

Seneca, *Von der Gemütsruhe,* 11

Warum wir das machen:

Für uns alle hält die Zukunft in irgendeiner Form Unerfreuliches bereit. Das können kleinere Ärgernisse oder größere einschneidende Ereignisse sein. Wenn so ein Fall eintritt, ist es am besten, darauf bereits mental vorbereitet zu sein, denn nur dann können wir bestmöglich reagieren. Deswegen spielen wir diverse Ereignisse im Kopf schon einmal durch, bevor sie passieren. So werden wir, falls sie tatsächlich eintreten sollten, nicht überrascht und aus der Bahn geworfen, sondern sind ruhig und handeln angemessen. Wenn wir hingegen kalt erwischt werden, reagieren wir häufig so, wie wir es eigentlich nicht möchten: panisch, überstürzt, kopflos. Wir machen Fehler, über die wir uns nachher ärgern und die zu vermeiden gewesen wären.

Wie es funktioniert:

Bei der *Premeditatio malorum*, auf Deutsch der »geistigen Vorwegnahme negativer Ereignisse«, stellst du dir sehr intensiv eine Situation vor, die in der Zukunft (potenziell) auf dich wartet. Es kann etwas sein, das dir lediglich lästig oder unangenehm ist, wie beispielsweise ein Verkehrsstau oder etwas Drastischeres, vor dem du Angst hast, sagen wir, um beim Straßenverkehr zu bleiben, ein Auffahrunfall. Am besten fängst du mit einer kleineren Sache an, einer lästigen Unannehmlichkeit, anstatt gleich den Tod deines geliebten Haustiers vor dem inneren Auge vorbeiziehen zu lassen.

Stell dir also die Situation konkret vor, als ob sie in diesem Moment stattfinden würde anstatt in einem undefinierten Augenblick in der Zukunft. Wie stellt sich die Situation genau dar? Was passiert in welcher Abfolge? Beschreibe die Situation so objektiv wie möglich, als seist du ein beobachtender Dritter, ein neutraler Zeuge.

Beschäftige dich einige Minuten mit dem Szenario, auch wenn es sich zunächst unangenehm anfühlt und du dich eigentlich schöneren Dingen zuwenden möchtest. Frag dich, ob diese Situation wirklich so schlimm ist. Nach einer gewissen Zeit, in der du die Situation hast auf dich wirken lassen, wird sich möglicherweise ein Gefühl von Akzeptanz einstellen. So schlimm, wie es sich auf Anhieb angefühlt hat, ist die Situation vielleicht gar nicht. Die gefühlt katastrophale Situation war in deiner Vorstellung eventuell schlimmer, als sie nun wirkt, nachdem du sie ruhig und rational betrachtet hast.

Reflektiere über deine zugrundeliegenden Werturteile: Warum ist diese Situation so besonders unangenehm für dich? Welche deiner Schwächen werden hier bloßgelegt, welche deiner Stärken können zum Einsatz kommen? Nun überlege dir Lösungen, Wege, mit deren Hilfe du diese Situation erträglich machen kannst. Was hast du in deinem Werkzeugkasten? Welche Tugend kannst du einsetzen? Erfordert die Situation Geduld, Mut oder Selbstkontrolle? Gibt es eine Alternative? Eine bestmögliche Art zu reagieren?

ÜBUNG 3

HÄRTE DICH AB

»Schiebe ein paar Tage ein, an denen du dich mit kärglichster und einfachster Kost, mit grober und rauer Kleidung begnügen und zu dir sprechen magst: ›Ist es das, wovor man sich fürchtete?‹«

Seneca, *Briefe an Lucilius*, 18.5

Abhärten können wir uns auf zwei verschiedene Arten, körperlich und psychisch.

KÖRPERLICH

Warum wir das machen:

Wir sind gewöhnt an und verwöhnt durch ein relativ angenehmes Leben ohne körperliche Strapazen. Freiwilliges Verzichten auf bestimmte, uns sonst zur Verfügung stehende Dinge zeigt uns, dass wir auch mit weniger leben können. Wenn wir uns bestimmten unangenehmen oder anstrengenden Situationen aussetzen, beweist uns das, dass wir auch diese durchstehen können. Wir üben für den Härtefall, in dem wir nicht mehr unter so komfortablen Umständen leben müssten. Für eine Welt, in der wir plötzlich ganz anders herausgefordert wären.

Dadurch, dass wir etwas tun, das ungewohnt und fordernd ist, beweisen wir uns, dass unsere Abneigung gegen etwas körperlich Anstrengendes oder den Verzicht auf Gewohntes unbegründet ist, da wir auch unter harten Umständen bestehen können. Wir haben es in uns, auch auf widrige Umstände angemessen und stark zu reagieren. Dadurch, dass wir uns Härten in einer Übungssituation aussetzen, haben wir die Möglichkeit zu lernen, wie wir angemessen reagieren, sollte es im »Ernstfall« zu dieser Situation kommen. Außerdem über wir uns in der Tugend der Selbstkontrolle und der des Mutes.

Wenn wir üben, auf etwas zu verzichten, werden wir uns als kleinem Nebeneffekt auch noch bewusst, wie gut wir es eigentlich haben mit unserer warmen Dusche und dem Kaffee jeden Morgen und sind dankbar für den gut gefüllten Kühlschrank und das gemütliche Bett.

Wie es funktioniert:

Bei den körperlichen Strapazen sind deiner Fantasie keine Grenzen gesetzt. Die einzige Einschränkung ist, dass kein dauerhafter Schaden eintreten soll. Ob du wie Mark Aurel auf dem Fußboden schläfst, kalt (oder lauwarm?) duschst oder einen Fastentag einlegst – es gibt viele Möglichkeiten. Man kann auf den geliebten Kaffee morgens verzichten oder eine Mahlzeit auslassen. Einmal ohne Jacke aus dem Haus gehen und ein wenig frieren. Viele Leute nehmen an Sport-Challenges teil, wie jeden Tag länger die Plank-Position zu halten, oder laufen einen Marathon. Hauptsache, man spürt den Verzicht beziehungsweise die körperliche Herausforderung deutlich – und merkt, dass man ihn beziehungsweise sie aushalten kann.

Psychisch

Warum wir das machen:

Oft fürchten wir uns davor, unsere Komfortzone zu verlassen. Wir haben uns unserer Sofakuhle perfekt angepasst und es uns dort gemütlich gemacht. Wir tun alles, um nicht negativ aufzufallen, die Form zu wahren. Was andere von uns halten, ist uns wichtig. Die Angst vor dem Unbekannten und einer eventuellen Blamage hält uns davor zurück, neue Wege zu gehen und zu wachsen.

Dadurch, dass wir etwas tun, das ungewohnt und uns unangenehm ist, zeigen wir uns selbst, dass die Scham vor Blamage unbegründet ist, da wir auch unter den befürchteten Umständen ein gutes Leben führen können. Das einzig Wichtige ist unser guter Charakter, dass wir das Richtige tun. Wir haben es in uns, auch auf widrige Umstände angemessen und stark zu reagieren. Was beliebige andere Menschen über uns denken, ist nicht wichtig, solange wir wissen, warum wir etwas tun.

Wie es funktioniert:

Sich psychisch abzuhärten bedeutet, sich Situationen auszusetzen, die in dir eine starke emotionale Reaktion auslösen, dir peinlich und unangenehm sind, weil du mit gesellschaftlichen Konventionen brichst. Erinnerst du dich an die Geschichte von Zenon, dem sein Lehrer Krates aufgab, mit einem Linsentopf durch die Stadt zu laufen? Für dich könnte das heißen, mit einem auffälligen schrillen Hut auszugehen oder im alten Jogginganzug ins schicke Café zu gehen.

Der Erfolgsautor, Investor und Podcaster Tim Ferriss[25] empfiehlt folgende Übung, die er die *Comfort Challenge* nennt: Du legst dich in einem Coffeeshop für 10 Sekunden auf den Boden, ohne jemandem zu erklären, was du da tust. Wenn dich jemand darauf anspricht und fragt, ob alles bei dir in Ordnung sei, erklärst du, dass alles bestens sei. Dann stehst du auf und tust so, als sei nichts geschehen. Das ist vermutlich nicht jedermanns Sache. Denk dir etwas aus, das deinen neuralgischen Punkt berührt, und zieh es durch, auch wenn sich innerlich alles zusammenzieht. Was hast du zu verlieren?

Übung 4

Wechsle die Perspektive (»Der Blick von oben«)

»Von dem Müll, der deinen Geist verstopft – von den Dingen, die nur dort existieren –, kannst du das meiste hinauswerfen und für dich selbst Platz schaffen:
... indem du die Größenverhältnisse der Welt begreifst;
... indem du die endlose Zeit betrachtest;
... indem du an die Geschwindigkeit denkst, mit der die Welt sich verändert – jeder Teil von jedem Ding, den engen Raum zwischen deiner Geburt und deinem Tod, die grenzenlose Zeit davor, die ebenso grenzenlose Zeit danach.«

Mark Aurel, *Selbstbetrachtungen*, 9.32

Warum wir das machen:

Wir sind in unseren alltäglichen Sorgen oft so auf uns konzentriert, dass wir die Welt um uns herum vergessen. Viele Probleme werden in unserer Vorstellung größer, als sie eigentlich sind. Um unsere subjektive Momentaufnahme in ein Verhältnis zu der ganzen Welt um uns herum zu setzen, nehmen wir einen Perspektivwechsel vor. Wir betrachten das *Big Picture*, anstatt unsere Probleme mit der Lupe zu untersuchen. Wir erinnern uns, dass wir ein klitzekleiner Teil eines Ganzen sind. Wir rufen uns in Erinnerung, wie weit und beeindruckend unsere Erde und der ganze Kosmos ist. Wir machen uns bewusst, dass unsere Sorgen, so einzigartig sie uns auch erscheinen mögen, in dieser oder sehr ähnlicher Form vielen anderen Menschen auch begegnen, in der Vergangenheit begegnet sind oder noch begegnen werden. Wir lösen uns aus dem Klammergriff von starken emotionalen Reaktionen, indem wir unseren Fokus erweitern.

Wie es funktioniert:
Nimm dir ein paar Minuten Zeit in einer ruhigen Umgebung. Bring dich in eine entspannte sitzende Position. Atme einige Atemzüge bewusst und tief ein und aus, um deine Aufmerksamkeit zu bündeln. Nun betrachte dich selbst von oben in deinem Zimmer. Dann erweiterst du deinen Fokus auf die weitere Umgebung, das ganze Haus, in dem du wohnst. Und dann weiter auf deine ganze Straße. Stell dir Nachbarn vor, wie sie arbeiten, schlafen, ihrem Alltag nachgehen. Danach erweiterst du deinen Fokus noch mehr, du stellst dir dein ganzes Viertel vor, dann deine Stadt. Dein Fokus wird größer, du schaust von oben auf dein Land, dann schließlich auf den ganzen Kontinent. Du bist einer von Hunderten Millionen Menschen auf diesem Kontinent. Jetzt schwebst du noch höher, bis du die Erde von oben aus dem Weltall betrachten kannst. Du bist einer der Milliarden Menschen auf diesem kleinen blauen Ball, lebst dort gemeinsam mit all den Tieren und Menschen. Wenn deine Vorstellungskraft dich noch weiterträgt, gehst du bis ans Ende unseres Sonnensystems oder darüber hinaus. Du schwebst in der unendlichen Weite des Kosmos. Schließlich kehrst du wieder in deinen Körper, auf deine Couch zurück und bist wieder zu Hause.

Ebenso kannst du einen Ausflug auf dem Zeitstrahl machen: Reise zurück in die Vergangenheit, denk an all die Generationen vor dir, deine Ahninnen und Ahnen. Wie sah ihre Lebenswirklichkeit aus? Welchen Schwierigkeiten mussten sie sich wohl stellen? Was waren ihre Sehnsüchte, Ängste, täglichen Sorgen?

Mach dir klar, dass sich in jedem Moment alles im Wandel befindet, es gibt keinen Stillstand. Das ganze Leben ist ein Fluss von Zuständen, die sich nahtlos aneinanderreihen. Sich dagegen aufzulehnen ist zwecklos, lass dich in den Strom fallen. Du bist nicht mehr die, die du gerade noch warst, und noch nicht die, die du in sehr naher Zukunft sein wirst.

Donald Robertson, Psychotherapeut und Autor, hat eine frei zugängliche 20-minütige Meditation zu dieser Übung, die sehr zu empfehlen ist. Du findest sie unter: https://soundcloud.com/drobertson-uk/view-from-above.

Übung 5

Memento Mori

»Du könntest auf der Stelle sterben. Lass diesen Gedanken dein Tun, deine Worte und dein Denken leiten.«
Mark Aurel, *Selbstbetrachtungen*, 2.11

Warum wir das machen:
Obwohl wir wissen, dass unser Leben endlich ist, ignorieren wir diese Tatsache gerne und schieben Gedanken an unsere Sterblichkeit weit weg. Dadurch, dass wir uns bewusst machen, dass wir nur eine begrenzte Zeit zur Verfügung haben, setzen wir unseren Fokus auf die wesentlichen Dinge.

Wir stellen uns die großen Fragen: Was will ich im Leben erreichen? Lebe ich so, dass ich im Rückblick darauf stolz oder damit zufrieden sein kann? Verschwende ich Zeit auf Unnötiges? Dass das Leben endlich ist, soll uns nicht demoralisieren und deprimieren, sondern uns aufrütteln, unsere Zeit zu nutzen. Über den Tod nachzudenken hilft uns, intensiver zu leben.

Wie es funktioniert:
Im Rom der Antike gab es das Ritual, dass bei einem Triumphzug durch die Stadt auf dem Triumphwagen hinter dem siegreichen Feldherren, dem Triumphator, ein Sklave stand und ihm ohne Unter-

lass ins Ohr raunte: *Memento mori* (denk daran, dass du sterblich bist). Damit sollte die Hybris des Siegers im Zaum gehalten werden. Diese Form der Erinnerung kommt heute nicht mehr infrage. Da wir den Tod aber so geschickt ausblenden, ist es hilfreich, sich nicht auf den inneren Impuls zu verlassen, sondern sich von außen einen Anstoß zur Erinnerung zu setzen: Manche haben einen Token, eine Münze mit *Memento-mori*-Schriftzug, in der Tasche oder sogar ein *Memento-mori*-Tattoo. Ob man eine derart dauerhafte Erinnerung haben möchte oder nicht, die Grundidee ist, sich oft zumindest für wenige Augenblicke klarzumachen, dass man sterblich ist. Dass all das, was unser Leben ausmacht, irgendwann in der Zukunft vorbei sein wird. Ob das in der sehr nahen Zukunft der Fall sein wird oder erst in 80 Jahren, das wissen wir nicht, aber sterben werden wir alle.

Eigentlich sterben wir, wie Seneca sagt, jeden Tag. Wir sind seiner Ansicht nach schon teilweise gestorben, da Teile unserer Lebenszeit schon hinter uns liegen. Der Tod ist also kein einmaliges Ereignis, sondern ein Prozess. Eine Möglichkeit, sich das visuell klarzumachen, ist die, sich die durchschnittliche Lebenserwartung in kleinen Kästchen aufzumalen oder in einem Heft abzuzählen, ein Kästchen pro Lebensjahr, also 83 Kästchen für Frauen (Männer haben nur 78 Kästchen). Dann kreuzt du alle Jahre, die du schon »verlebt« hast, an.[26] Nun hast du eine Übersicht, wo ein Durchschnittsmensch mit einem Durchschnittsleben so steht. Was hast du bislang geschafft? Was willst du mit den verbliebenen Kästchen anfangen?

Sterblich sind im Übrigen nicht nur wir, sondern auch unsere geliebten Mitmenschen. *Memento mori* praktizieren hilft uns, sie nicht für selbstverständlich zu erachten, sondern die begrenzte Zeit, die wir haben, zu nutzen. Also ruf die Oma an oder schreib der alten Freundin eine Nachricht, dass du an sie denkst. Du wirst es vermutlich nicht bereuen.

Übung 6

Mach dich nicht abhängig von externer Validierung

»Es erstaunt mich immer wieder: Wir alle lieben uns selbst mehr als andere Menschen, trotzdem ist uns deren Meinung wichtiger als die eigene.«

Mark Aurel, *Selbstbetrachtungen*, 12.4

Warum wir das machen:

In der stoischen Philosophie ist man einer einzigen Person Rechenschaft schuldig – sich selbst. Mit sich selbst soll man streng sein, hohe Ansprüche an sich stellen – und sich aber auch selbst wie einen guten Freund behandeln, liebevoll und nachsichtig, wenn Fehler geschehen. Und Fehler werden unausweichlich geschehen.

Anstatt unseren Charakter in den Mittelpunkt zu stellen, bemessen wir unseren Selbstwert aber oft nach dem, was andere Menschen von uns halten. Ob wir beliebt sind, ob wir für attraktiv gehalten werden, ob wir in einer bestimmten Gruppe oder Schicht mithalten können. All das ist aus stoischer Sicht irrelevant.

Es ist irrelevant, wenn uns andere bewundern, das aber aus den falschen Gründen. Nur weil wir bestimmte Dinge wie Statussymbole besitzen, sind wir noch kein besserer Mensch. Nur weil wir weniger Falten haben, sind wir noch nicht wirklich schöner. Nur weil wir aus einer bestimmten Familie kommen, sind wir nicht interessanter oder gar besser als andere. Nur weil wir einen Job machen, den die meisten Menschen bewundern und der sehr gut bezahlt ist, sind wir nicht auf einer höheren Stufe angesiedelt als jemand, der einen Job macht, der keinen Status genießt.

Genauso irrelevant ist es aber auch, wenn andere uns und unser Verhalten kritisieren – solange wir wissen, warum wir tun, was wir tun, und das im Einklang mit unseren Werten ist. Wenn wir unsere Rollen gut spielen, die, die wir uns aussuchen konnten, und die, in denen wir zufällig gelandet sind, dann reicht das vollkommen aus. Keine weitere Bestätigung von außen ist erforderlich.

Wie es funktioniert:

Reflektiere bei deinen täglichen Handlungen, aus welcher Motivation heraus du sie betreibst. Geht es darum, anderen zu gefallen oder sie zu beeindrucken, oder handelst du aus intrinsischer Motivation heraus, weil du es für richtig und wichtig hältst, so und nicht anders zu handeln.

- Arbeitest du beispielsweise an einem Projekt, um Anerkennung zu bekommen oder weil du deine bestmögliche Arbeit abliefern möchtest? Ist es beides? Was dominiert?
- Wenn du das nächste Mal vor einer Kaufentscheidung stehst, frag dich, was genau deine Motivation ist, diese Sache zu erwerben. Warum brauchst du sie wirklich?

- Vielleicht möchtest du etwas an deinem Körper verändern? Das ist vollkommen legitim, aber es macht Sinn, dich zu fragen: »Was treibt mich hier an? Will ich das tun, weil andere das so machen, oder möchte ich diese Veränderung aus mir selbst heraus?«

Übung 7

Überprüfe deine Eindrücke

»Lerne, jedem unangenehmen Gedanken direkt damit zu begegnen, indem du sagst: ›Du bist nur eine Vorstellung und nicht die Sache selbst, die du zu sein vorgibst.‹ Dann prüfe sie nach den Grundregeln, die du kennst; zuerst und vor allem nach der, ob sie zu den Dingen gehört, die in deiner Macht stehen, oder zu denen, die nicht in unserer Macht stehen. Ist sie Letzteres, so halte die Antwort bereit: ›Es geht mich nichts an‹.«

Epiktet, *Handbuch (Encheiridion)*, 1.5

Warum wir das machen:

Da wir nicht die oder der Stoische Weise sind, unterliegen wir der stoischen Überzeugung nach ständig Fehlurteilen. Unser erster Eindruck, unsere erste emotionale Reaktion, muss allerdings nicht die sein, die bestehen bleibt – wir können unseren Kopf, unseren Verstand einsetzen und erste Eindrücke neu bewerten. Dafür müssen wir kurz pausieren und uns gedanklich von dem Eindruck lösen, anstatt übereilt zu handeln.

Wie es funktioniert:
Jede Situation im Alltag ist eine Chance, sich darin zu üben, ersten Eindrücken nicht nachzugeben, eine Pause zwischen den Impuls und die Reaktion zu setzen. Dafür müssen wir genau auf unsere Gefühle achten, vor allem auf die negativen. Wenn eine negative Emotion aufkommt, beobachten wir sie aufmerksam und fragen uns: Was bist du? Wieso bist du hier? Was möchtest du mir sagen?

Du bist wütend, weil dir der Bus vor der Nase wegfährt – ist das etwas, das dich aus der Ruhe bringen sollte? Den Fahrstil der Busfahrerin zu ändern liegt nicht in deiner Macht, deine Reaktion darauf allerdings sehr wohl. Du hast etwas vermeintlich Peinliches gesagt – ist es wirklich wert, sich dafür zu schämen? Die Reaktion deiner Mitmenschen zu ändern liegt nicht in deiner Macht, aber wie du damit umgehst, sehr wohl. Du bist frustriert, weil deine gute Arbeit nicht gesehen wird – ist sie dadurch weniger wert? Was kannst du in Zukunft machen, um mehr Sichtbarkeit zu erhalten?

Das Gleiche gilt für ein Verlangen, sei es nach dem Becher Ben-&-Jerrys-Eiscreme oder dem Besuch von Social-Media-Portalen, die dir nicht guttun. Prüfe deine ersten Eindrücke und entscheide bewusst, ob du ihnen nachgehen möchtest oder nicht.

ÜBUNG 8

DISTANZIERE DICH VON DEINEN GEDANKEN

»Nicht die Dinge selbst beunruhigen die Menschen, sondern die Meinungen von den Dingen.«

Epiktet, *Handbuch (Encheiridion)*, 5

Warum wir das machen:

Ein Großteil der Ursachen für unseren emotionalen Stress spielt sich nur in unserem Kopf ab. Wir machen Annahmen über die Welt, die überhaupt nicht zutreffen müssen. Dadurch, dass wir einen gewissen Abstand zwischen uns und unsere Gedanken bringen, merken wir, dass es sich lediglich um Gedanken handelt und nicht um Tatsachen. Wenn du eine Meditationspraxis hast, wirst du dieses Konzept kennen – auch in der Meditation erkennen wir unsere Gedanken als solche an, beobachten sie und lassen sie vorüberziehen. Durch die Distanz finden wir Ruhe und eine objektivere Sicht auf die Dinge.

Wie es funktioniert:

Wenn du einen bestimmten negativen Gedanken oder Glaubenssatz hast, nimm ihn ganz genau unter die Lupe. Ein Beispiel für einen solchen Gedanken wäre: »Keiner mag mich, alle finden mich dumm« oder »Ich bin nicht gut genug für ...«. Um diesen Gedanken als solchen zu erkennen (»Du bist nur ein Gedanke und nicht die Realität!«) und dadurch zu entschärfen, gibt es verschiedene Mittel. Formuliere ihn zum Beispiel in der 3. Person: »Anne ist dumm und keiner mag sie.« Sag den Satz ganz schnell und häufig hintereinander. Oder du schreibst den Satz auf ein Blatt Papier und beschreibst die Schriftfarbe und die Buchstabengröße.

Wenn dir diese Techniken jetzt auf Anhieb albern vorkommen, bist du nicht allein. Solche Techniken dienen dazu, den Gedanken als solchen herauszulösen und klarzustellen, dass er eben nur das ist – eine flüchtige Momentaufnahme in deinem Kopf und keineswegs die Wahrheit und/oder Wirklichkeit.

Die Idee ist, unsere Gedanken zu beobachten und zu akzeptieren, dass es lediglich Gedanken sind, die nicht die Wahrheit sein müssen. Zu erkennen, dass wir die Welt durch eine bestimmte Brille wahrnehmen und nicht objektiv sehen. Mit etwas Übung kannst du vielleicht ein Muster erkennen: »Ah, da ist dieser Glaubenssatz/Gedanke wieder, den kenne ich schon.«

ÜBUNG 9

TUE GUTES – UND REDE NICHT DARÜBER

»Außerdem – und das ist die beste Lehre – müssen sie lernen, nicht egoistisch zu sein, die Gerechtigkeit hoch zu achten und als Mensch den Mitmenschen helfen zu wollen und ihnen nicht zu schaden. So werden sie gerecht.«

Musonius Rufus, aus: *Sollen Töchter die gleiche Erziehung erhalten wie Söhne?*, 4. Kapitel

Warum wir das machen:

Die Stoiker glaubten, dass alles im Universum miteinander unauflösbar verwoben ist *(sympatheia)*. Als soziale Wesen sind wir Menschen mit allen anderen Menschen verbunden und dafür gemacht, einander zu helfen und Gutes zu tun. Es ist unsere Aufgabe, anderen mit Nachsicht, Wohlwollen und Respekt zu begegnen, da sie ein Teil des großen Ganzen sind. Wir sollten darauf achten, was uns eint, anstatt darauf zu beharren, dass wir so unterschiedlich sind.

Anderen zu helfen liegt in unserer Natur. Wenn wir aber von Natur aus darauf angelegt sind, einander Gutes zu tun, warum sollte man eine zusätzliche Anerkennung erhalten? Der Lohn einer guten

Tat ist die Tat selbst, nicht, was man dafür erhält, sei es Lob, Dank oder Bewunderung.

Wie es funktioniert:
Hier sind ein paar Inspirationen für gute (anonyme) Taten, je nach Zeit und Geldbudget:

- Unterstütze einen GoFundMe-Aufruf.
- Schnappe dir deine Kinder und/oder Freundinnen, Handschuhe und eine Plastiktüte und gehe Müll aufsammeln in deiner Nachbarschaft.
- Schicke eine anonyme Dankeskarte an jemanden in einem sozialen Beruf, zum Beispiel an eine Pflegerin, die du kennst, oder an eine Kita-Erzieherin, in der du ihren Einsatz anerkennst.
- Spende Kleidung, die du nicht mehr trägst, an eine wohltätige Einrichtung.

Man muss nicht gleich eine Niere spenden, vielleicht aber einen Organspendeausweis ins Portemonnaie legen, Blut spenden gehen oder sich bei der Deutschen Knochenmarkspenderkartei DKMS registrieren lassen.

Alternativ kann man auch Gutes tun, ohne dass die Empfängerin oder der Empfänger deutlich merkt, dass man ihr oder ihm helfen möchte, indem man zum Beispiel Zeit schenkt oder Aufmerksamkeit. Einem alleinerziehenden Elternteil mal Zeit für sich schenken, indem man das Kind für eine Übernachtung zu sich nimmt, oder einer Person zuhören, der sonst vielleicht schon länger nicht mehr zugehört worden ist.

ÜBUNG 10

LASS DICH INSPIRIEREN

»Wenn du Ermutigung benötigst, dann denk an die positiven Eigenschaften der Menschen in deinem Umfeld: Der eine hat Energie, der andere Bescheidenheit, wieder ein anderer ist großzügig und so weiter. Nichts ist ermutigender, als Tugenden sichtbar verkörpert zu sehen von Menschen, die uns umgeben.«

Mark Aurel, *Selbstbetrachtungen*, 6.48

Warum wir das machen:

In der stoischen Philosophie spielen Vorbilder eine wichtige Rolle: Sie sollen uns beflügeln und motivieren, an unserem Charakter zu arbeiten. Obwohl kein Mensch perfekt ist, gibt es für jede gute Eigenschaft, die wir in uns verstärken wollen, eine Person, die diesen guten Charakterzug besitzt und uns zur Inspiration dienen kann.

Wie es funktioniert:

- Denke an eine Person, die du bewunderst. Formuliere sehr konkret, welche Eigenschaft du genau an dieser Person bewunderst. Überlege dir, wann die nächste Gelegenheit für dich ist, dem guten Vorbild dieser Person nachzueifern. Dabei ist es wichtig, realistische Ziele zu haben, ein kleiner Schritt in die Richtung, die du dir vorgenommen hast, ist genug.

- In schwierigen Situationen, in denen wir uns unsicher sind, wie wir uns verhalten sollen, frage dich: Was würde mein Vorbild tun? Stelle dir vor, die Person würde dir Rat geben, dich bei der Entscheidung begleiten. Du kannst auch einen Brief an die Person schreiben, in dem du deine Problematik genau beschreibst und um Rat bittest. Selbst wenn du diesen Brief nie abschickst, hilft dir das Schreiben eventuell schon, dir über den richtigen Weg klarer zu werden.
- Mark Aurel beginnt sein philosophisches Tagebuch, die *Selbstbetrachtungen*, in Buch 1 mit einer Aufzählung aller wichtigen Personen in seinem Leben. Er hält fest, was er von diesen Menschen gelernt hat, wie ihn deren gute Charaktereigenschaften geprägt haben. Erstelle eine derartige Übersicht über die wichtigsten Einflüsse in deinem Leben (bspw. »Von meinem Vater habe ich gelernt, aufmerksam zuzuhören« oder »An meiner Tante bewundere ich ihre Ehrlichkeit«).

Teil 3

Dein Monat als Stoikerin – tägliche Impulse für ein stoisches Mindset

An dieser Stelle bist du bereit und mit dem nötigen Vorwissen ausgestattet, um selbst in die Aktion zu kommen. Dafür habe ich dir ein vierwöchiges Programm mit Gedankenimpulsen und kleinen Aufgaben zusammengestellt, die dich durch Grundkonzepte der stoischen Philosophie führen. Dieser Monat soll dir eine Tür öffnen, einen neuen Zugang zu fundamentalen Lebensfragen bereiten. Um ein tiefes Gefühl von Glück und Zufriedenheit zu erreichen, ist es von großer Wichtigkeit, dass wir uns diesen existenziellen Themen stellen. Natürlich handelt es sich hier nur um einen ersten Eindruck der Fragestellungen und Gedanken, die du in dein Leben implementierst, wenn du stoisch leben möchtest. Das Schöne am Stoizismus ist, dass er eine lebenslange Reise darstellt. Es handelt sich um einen Weg des Lernens und Wachsens, auf dem auch ich erst am Anfang stehe. Ich bin mir sicher, dass auch dein Leben durch die stoische Philosophie auf so vielen Ebenen reicher werden kann.

Ich habe die kommenden vier Wochen in verschiedene Themenkomplexe unterteilt. Den Anfang macht die Woche »Im Einklang mit dir selbst«. Im Mittelpunkt stehen dein Selbstbild, deine Werte und wie du mit dir selbst umgehst. Die darauffolgende Woche steht unter dem Motto »Im Einklang mit deinen Mitmenschen«. Wir erweitern unseren Fokus auf unsere Mitmenschen, denn erst im Miteinander mit anderen können wir wirklich wirken und uns zu unserem vollen Potenzial entfalten. Es geht darum, wie wir andere sehen, was wir von ihnen lernen und wie wir besser mit ihnen umgehen können. In der dritten Woche erweitert sich unser Blickwinkel (»Im Einklang mit der Welt«) und wir beschäftigen uns mit unserer Rolle und unserem Wirkungsraum in der Welt als Ganzes. Wie kannst du erfolgreich in der Welt agieren, was kannst du noch lernen und wodurch die Welt ein Stück besser machen. Manchmal braucht es dafür einen

Perspektivwechsel. Die letzte Woche schließlich behandelt die stoische Achtsamkeit als Lebenskonzept und lautet »Bewusster leben/ Stoische Achtsamkeit«. Du wirst in diesem Teil viele der im vorangegangenen Teil beschriebenen Übungen (Teil 2: Stoische Übungen) in konkreten Fragen und Aufgabestellungen wiederfinden.

Wie genau gehst du bei den kleinen Aufgaben und Impulsen vor? Es wäre schön, wenn ich hier guten Gewissens schreiben könnte: Nimm dir ungefähr eine Viertelstunde jeden Tag, in der du dich an einen ruhigen Ort zurückziehst, ausgestattet mit einem Papier und Stift und deinem Lieblingsgetränk, und widme dich diesen Fragen und Denkanstößen. Allerdings weiß ich aus eigener Erfahrung, früher als angestellte Anwältin mit langen Arbeitstagen, derzeit als Mutter von drei kleinen Kindern, dass diese Viertelstunde nicht für jede an jedem Tag freizuschaufeln ist. Das soll dich aber weder entmutigen noch frustrieren: Mache dir die Gedanken, wann und wo immer es für dich machbar ist, notiere in einem Notizbuch oder auf dem Smartphone oder gehe die Anregung nur gedanklich durch – in der Zeit, die dir eben an diesem Tag dafür zur Verfügung steht. Dann lebst du auch schon gleich stoisch: Du akzeptierst, wie deine Lebensrealität an diesem Tag aussieht, und ärgerst oder stresst dich nicht darüber, denn du weißt, dass du das für dich Machbare gibst – und das ist gut genug.

Halte dir aber auch vor Augen, dass philosophische Reflexion Teil der Selbstfürsorge ist. Du hast es verdient, dir Zeit für dich selbst zu nehmen. Viele Frauen, die ich kenne, stellen ihre eigenen Bedürfnisse hinten an, kümmern sich erst um andere, bevor sie sich um sich selbst kümmern. Auch wenn das Bild von der Sauerstoffmaske im Flugzeug, die man sich besser zuerst selbst anlegt, stark abgenutzt ist, so ist es doch wahr, dass wir bei uns anfangen müssen, um dann auch stark und kompetent im Umgang mit unseren Mitmenschen zu sein.

Dein Monat als Stoikerin – Übersicht

	MONTAG	DIENSTAG	MITTWOCH
WOCHE 1 IM EIN-KLANG MIT DIR SELBST	Die Abendmeditation – Grundübung auf dem Weg zum besseren Ich	Begegne deinen negativen Gefühlen auf achtsame Art und Weise	Befreie dich von Reue und Schuld
WOCHE 2 IM EIN-KLANG MIT DEINEN MIT-MENSCHEN	Gewinne Klarheit über deine Rollen	Erhalte einen neuen Blick auf andere	Lass dich von Vorbildern inspirieren
WOCHE 3 IM EIN-KLANG MIT DER WELT	Aktiviere deine inneren Ressourcen	Schütze dich vor Enttäuschungen	Setze dir Ziele, die du erreichen kannst
WOCHE 4 BEWUSSTER LEBEN/ STOISCHE ACHTSAMKEIT	Starte stoisch in den Tag	Nutze deine Zeit sinnvoll	Lass dich nicht von deinem Besitz besitzen

DONNERSTAG	FREITAG	SAMSTAG	SONNTAG
Erstelle dein dynamisches Selbstbild	Erkenne deinen Mut an	Stelle deine innere Kritikerin	Befreie dich von externer Bewertung
Nimm deine Freundschaften unter die Lupe	Hinterfrage deine eigenen Narrative	Lerne zu vergeben	Bleibe objektiv und fair
Gewinne eine weitere Perspektive	Praktiziere Dankbarkeit und löse dich vom Mangeldenken	Mache einen Unterschied in der Welt	Erweitere dein Wissen
Bedenke, dass du sterblich bist, und lebe in vollen Zügen	Begegne deinen negativen Gefühlen auf achtsame Art und Weise II	Lade mehr Stille in dein Leben ein	Stärke deinen Sinn für die Wunder der Natur

WOCHE 1

IM EINKLANG MIT DIR SELBST

MONTAG

DIE ABENDMEDITATION – GRUNDÜBUNG AUF DEM WEG ZUM BESSEREN ICH

Heute praktizierst du eine der Grundübungen der stoischen Philosophie, die abendliche Reflexion deines Tages. Dadurch, dass du dir selbst gegenüber Rechenschaft ablegst und dir deine Ziele klar vor Augen führst, kannst du deinen Fortschritt beobachten. Du lernst dich selbst besser kennen und deine negativen Muster zu durchbrechen. Stück für Stück wirst du dadurch ruhiger und zufriedener. Die stoische Meditation ist eine aktive Denkaufgabe. Gegen Abend lässt du den heutigen Tag vor dem inneren Auge Revue passieren und stellst dir folgende Fragen:

- Was ist heute gut gelaufen, was nicht so gut? Wo hast du gut reagiert? Wo nicht so gut?
- Warum hast du so reagiert, wie du es getan hast?
- Wie kannst du es in Zukunft besser machen?

Dabei ist es ganz wichtig, dass diese Übung nicht in Selbstgeißelung ausartet. Wir alle machen Fehler, jeden einzelnen Tag, das ist Teil dessen, was es bedeutet, ein Mensch zu sein. Verzeihe dir also direkt für die gemachten Fehler. Sei nachsichtig und liebevoll mit dir, wie es eine enge Freundin sein würde. Wenn dir etwas gut gelungen ist, dann freue dich ruhig darüber und lobe dich, wie es die enge Freundin tun würde.

Dienstag

Begegne deinen negativen Gefühlen auf achtsame Art und Weise

Erinnere dich an ein unangenehmes Gefühl, das du heute verspürt hast. Vielleicht war es Scham, Neid, Wut oder Angst. In welcher Situation ist es genau erschienen? Hast du das Gefühl auch als solches in der Situation wahrgenommen oder lief es automatisch ab und es fällt dir erst jetzt auf?

Welches Werturteil lag deiner Emotion zugrunde (bspw.: Das habe ich nicht verdient / Das macht die doch absichtlich / Man nimmt mich nicht ernst etc.). Schau dir dein Werturteil kritisch an. Warum denkst du so? Ist das Werturteil wirklich korrekt? Gibt es eine andere Art, auf die Situation zu schauen?

Hat dich dein negatives Gefühl dazu gebracht, dich so zu verhalten, wie du es eigentlich nicht möchtest?

MITTWOCH

BEFREIE DICH VON REUE UND SCHULD

Viele Menschen bereuen eine oder mehrere Entscheidungen in ihrem Leben. »Was wäre, wenn ich die Weichen damals anders gestellt hätte ...?«, dieser Gedanke kann dann immer wieder zu verschiedenen Anlässen in den Kopf kommen. Bereust du eine bestimmte Entscheidung, die du getroffen hast? Oder etwas Bestimmtes, das du getan, gesagt oder unterlassen hast? Was ist es genau? Frage dich, ob du die Konsequenzen aus diesem Ereignis vielleicht größer einschätzt, als sie tatsächlich sind. Mache dir klar, dass alles, was wir beeinflussen können, der jetzige Moment ist – die Vergangenheit ist geschehen und rein physikalisch nicht mehr abänderbar, die Zukunft ist ungewiss.

Du kannst den Lauf der Dinge nicht ungeschehen machen, doch du kannst deine innere Einstellung dazu hier und heute ändern. Was hast du aus der infrage stehenden Entscheidung oder dem Ereignis gelernt? Inwieweit hat es dich zu dem Menschen gemacht, der du heute bist? Gibt es etwas, das du heute noch tun kannst, um den bitteren Beigeschmack zu beseitigen, eine Entschuldigung oder eine andere Art der Wiedergutmachung? Wie sähe eine Zukunft aus, in der du keine Reue mehr empfindest?

Donnerstag

Erstelle dein dynamisches Selbstbild

Stell dir vor, jemand hält eine Laudatio auf dich. Die Person beschreibt, was dich besonders macht, lobt deine Stärken und erklärt dem Publikum, wofür du stehst. Was glaubst du, würde diese Person über dich erwähnen? Was würdest du gerne in so einer Rede über dich hören? Überlege dir fünf gute Charaktereigenschaften oder Werte, für die du stehen möchtest. Gibt es etwas, das du gerne hören würdest, aber das aktuell (noch) nicht sehr präsent ist in deinem Leben? Was ist das? Welche Veränderungen müsstest du vornehmen, welche kleinen Schritte müsstest du gehen, um dich in die entsprechende Richtung zu begeben, um diesem Ideal mehr zu entsprechen?

Freitag

Erkenne deinen Mut an

Wir assoziieren mit dem Begriff »Mut« oft große Taten und herausragende Ergebnisse. Dabei kann Mut auch still sein. Mut kann ein Durchhalten in einer schwierigen Situation bedeuten. Mut ist eine innere Haltung. Wann in deinem Leben hast du dich schon mutig verhalten? Wie hat es sich angefühlt, mutig zu sein? Wurdest du für deinen Mut belohnt?

Für welche Veränderung(en) in deinem Leben fehlt dir gerade der Mut? Warum genau? Welche Gedanken, Ängste oder Sorgen blockieren dich? Haben diese Gedanken einen guten Grund oder kannst du sie, wenn du gedanklich einmal die Gegenposition einnimmst, entkräften?

Samstag

Stelle dich deiner inneren Kritikerin

Wir haben sie alle ständig in unserem Kopf: die innere Stimme, die unser Handeln hinterfragt, bemängelt, kritisiert. Die uns kleiner macht, als wir sind. Fallen dir Beispiele ein, in denen die innere Stimme dir sagt, dass du etwas nicht gut kannst oder machst? Gibt es bestimmte Auslöser, bestimmte Situationen, in denen die Stimme besonders laut ist? Heute forderst du diese negative Stimme in dir heraus.

Liste eine negative Aussage der Kritikerin in eine linke Spalte (zum Beispiel »Ich kriege nichts wirklich gut hin, alles ist nur halb fertig«). In die rechte Spalte schreibst du nun Argumente, die gegen die Meinung deiner inneren Kritikerin sprechen. Das können knallharte Fakten sein, eine Sammlung der Tatsachen, die eine andere Sprache sprechen als das, was dir die Kritikerin suggeriert. Sicherlich kriegst du viele Dinge sehr gut hin, für die du dir kein Lob aussprichst, die einfach so nebenherlaufen. Selbst falls dir nicht viel objektiv »Zählbares« einfällt, beschreibe die Gegenansicht zur Meinung der Kritikerin. Wie könnte man dich auch sehen? Wie lautet eine andere Sichtweise? Eine, die dich aus dem Blickwinkel der Liebe, des Wohlwollens und der Dankbarkeit betrachtet?

SONNTAG

BEFREIE DICH VON EXTERNER BEWERTUNG

Wenn wir unseren Selbstwert durch äußere Faktoren bestimmen lassen, geben wir die Kontrolle über unser Leben ab. Wenn du an deine Erfolge denkst, an die Dinge, die du im Leben gut hinbekommen hast – wie wichtig sind dir dabei Bestätigung und Anerkennung von außen? Bist du aus dir selbst heraus stolz auf das Geleistete oder in erster Linie deswegen froh, weil andere dich gelobt und dir Anerkennung entgegengebracht haben? Was wäre der Vorteil, wenn du den Fokus mehr auf deine eigene Anerkennung setzt anstatt auf die von anderen?

Bist du auf etwas stolz, das vielleicht niemand je mitbekommen hat? Was ist es? Was magst du an dir? Schreibe drei Eigenschaften auf, die dir an dir gefallen.

Wenn du am Wochenende Zeit hast für eine Bonusaufgabe: Verzichte heute einmal ganz bewusst auf eine liebgewonnene Gewohnheit oder ein Ritual, wie es in der Übung 2 *(Härte dich ab)* beschrieben ist.

Woche 2

Im Einklang mit deinen Mitmenschen

Montag

Gewinne Klarheit über deine Rollen

Heute beschäftigst du dich mit den Rollen, die du im Leben hast. In der Familie, im Freundeskreis, bei der Arbeit, in der Nachbarschaft, als Bürgerin eines Landes, überall nehmen wir verschiedene Rollen ein und haben verschiedene Aufgaben und Pflichten. Manche Rollen haben wir uns selbst ausgesucht, andere haben wir inne, ohne dass wir darauf einen Einfluss nehmen können. Welche Rollen hast du inne? Liste alle Rollen auf, die dir einfallen. Unterstreiche die Rollen, die dir besonders wichtig sind. In welchen Rollen fühlst du dich besonders wohl? Welche sind schwierig für dich zu erfüllen?

Wenn es zu einem Konflikt zwischen zwei verschiedenen Rollen kommt, welcher gewährst du in den meisten Fällen den Vorrang? Bist du mit deiner Prioritätensetzung zufrieden? Oder gibt es kein generelles Vorrangverhältnis, sondern kommt es auf die konkrete Situation an? Welche Faktoren spielen in die Abwägung mit hinein?

Dienstag

Erhalte einen neuen Blick auf andere

Denke an einen Menschen, mit dem du heute Kontakt hattest, mit dem du auf den ersten Blick nichts gemeinsam hast. Ihr habt andere Lebensumstände, ein anderes Alter, kleidet euch unterschiedlich. Nun schaue dir die Person noch einmal an, aber durch eine andere Brille. Diesmal konzentrierst du dich darauf, Details zu finden, die ihr gemeinsam habt. Behalte dabei im Hinterkopf, dass wir alle Teile eines großen Ganzen sind. Überlege dir konkrete Eigenschaften, die ihr teilt, vielleicht seid ihr beide Bewohnerinnen desselben Viertels, beide brünett oder habt beide bunte Sneaker an. Hat sich dein Gefühl dieser Person gegenüber geändert, nachdem du dich auf die Dinge konzentriert hast, die ihr gemeinsam habt? Inwiefern?

Versetze dich in diese fremde Person und stelle dir vor, dass sie dich und dein Leben betrachtet. Wie würde sie dein Leben wohl beschreiben? Was würde sie alles Positives feststellen?

Mittwoch

Lass dich von Vorbildern inspirieren

Welche Menschen sind deine Vorbilder? Mache eine Liste der Menschen, die du bewunderst. Notiere, welche ihrer Eigenschaften du am inspirierendsten findest. Es können Freundinnen, Familienmitglieder oder auch Bekannte sein, sogar Prominente kommen in Betracht. Wie haben ihre charakterlichen Stärken deinen Weg beeinflusst? Gibt es jemanden, von dem du gerne mehr lernen würdest? Was genau würdest du gerne von der Person lernen? Wie könntest du mit der Person mehr in Kontakt kommen? Gibt es konkrete Schritte, die du einleiten könntest, um mit der Person mehr in den Austausch zu kommen?

Donnerstag

Nimm deine Freundschaften unter die Lupe

Freunde haben einen sehr hohen Stellenwert in unserem Leben. Betrachte deine guten Freundinnen und Freunde. Was sind ihre Grundwerte, was ist ihnen wichtig, was priorisieren sie in ihrem Leben? Sind das ähnliche Werte wie die, die dir wichtig sind? Würdest du sagen, dass deine Freundinnen dich darin unterstützen, dich weiterzuentwickeln, zu wachsen? Hast du das Gefühl, dass sie immer ehrlich zu dir sind? Zeigen sie dir liebevoll deine Schwächen auf oder ist in eurer Freundschaft kein Raum für diese Art von Kritik? Bist du eine ehrliche Freundin? Hast du das Gefühl, mit deinen Freundinnen immer 100 Prozent du selbst sein zu können, oder hältst du einen Teil von dir zurück? Was kannst du konkret machen, um eine bessere Freundin zu sein? Zeigst du deinen Freundinnen deine Wertschätzung? Kontaktiere drei Freundinnen und schreibe ihnen, dass du sie wertschätzt und dankbar für sie bist.

FREITAG

HINTERFRAGE DEINE EIGENEN NARRATIVE

Damit die Welt um uns herum Sinn ergibt, erzählen wir uns ständig Geschichten um Ereignisse herum, unser Kopf kreiert eine passende Geschichte für jede Situation. Diese Geschichten sind allerdings bei Weitem nicht alle wahr. Dadurch machen wir uns mehr Kummer, als wir müssten. Fällt dir eine Situation ein, in der du das Geschehene interpretiert hast? Denke an eine schwierige oder unangenehme Situation der letzten Zeit. Stelle dir wie ich im folgenden Beispiel Fragen.

In meinem Beispiel habe ich eine alte Bekannte getroffen, die mich auf der Straße nicht gegrüßt hat.

- *Was ist genau objektiv passiert?* »Ich habe eine Bekannte auf der Straße getroffen und ihr zugewinkt. Sie hat mir nicht zugewinkt.«
- *Was hast du dir dabei gedacht?* »Sie ignoriert mich. Wie peinlich, und ich winke hier so albern in der Gegend herum. Sie muss wegen irgendetwas auf mich sauer sein. Was kann es sein? Ist

es, weil ich sie nicht zu meiner Abschiedsparty eingeladen habe? Das ist alles so unangenehm, ich wünschte, ich könnte unsichtbar werden.«

- *Gibt es andere Möglichkeiten der Interpretation für eine Situation?* »Sie ist kurzsichtig und hatte ihre Brille nicht auf. Sie war in Gedanken versunken, da sie Sorgen hat. Sie war sich nicht sicher, ob ich es wirklich bin, und hat lieber schnell weggesehen aus Angst, sich zu irren und sich lächerlich zu machen.«

Samstag

Lerne zu vergeben

Einen Groll gegen jemanden zu hegen ist eine emotional belastende Situation, die aus stoischer Sicht überflüssig ist. Denke über eine Person nach, deren Verhalten dich heute oder in der jüngeren Vergangenheit geärgert hat. Versuche den Konflikt aus der Sichtweise der anderen Person zu sehen. Warum hat sie sich wohl so verhalten? Kannst du dir etwas vorstellen, das ihr Verhalten, wenn nicht rechtfertigt, so zumindest erklärt? Was müsstest du über den anderen Menschen wissen, um ihm zu verzeihen? Hast du dich vielleicht selbst schon einmal so verhalten, wie es dich jetzt an jemand anderem stört?

Sonntag

Bleibe objektiv und fair

Menschen reden über andere Menschen, und das oft wertend. Fällt dir eine Situation ein, in der du ein abwertendes Urteil über einen anderen Menschen gefällt hast und später eines Besseren belehrt wurdest? Wie hast du dich dann gefühlt? Wie kannst du so eine Situation in Zukunft vermeiden?

Die Stoiker waren Befürworter einer neutralen, objektiven Sprache. Wie kannst du deine Rede neutraler fassen?

Vielleicht hast du Lust auf eine Bonus-Challenge – sie heißt »Lästerfrei«: Wie viele Tage am Stück würdest du durchhalten, ohne über einen anderen Menschen schlecht zu sprechen? Glaubst du, es würde sich etwas ändern, wenn du nicht mehr – oder kaum noch – abwertend über andere sprechen würdest?

Woche 3

Im Einklang mit der Welt

Montag

Aktiviere deine inneren Ressourcen

Überlege dir, welche Herausforderungen der heutige Tag (wenn du dies morgens liest) beziehungsweise der morgige Tag (wenn es schon Abend ist) für dich bereithält. Obwohl jeder Tag Überraschungen bereithalten kann, sind es doch oft dieselben oder ähnliche Situationen, die im Alltag unsere Geduld strapazieren, uns ärgerlich werden lassen oder nervös machen. Schreibe eine oder mehrere Situationen auf, die dir dazu einfallen.

Wenn du dir die konkrete Situation vor Augen führst, frage dich: Welche Teile der Situation kannst du kontrollieren oder beeinflussen, welche nicht? Schreibe beides getrennt auf.

Beispiel:

Nicht unter meiner Kontrolle	Unter meiner Kontrolle
ob mein Kind gut gelaunt aufwacht	wie ich darauf reagiere, dass es übellaunig aufwacht
ob die Kundin zufrieden mit dem Endprodukt ist	meine beste Arbeit abliefern

Im nächsten Schritt überlegst du dir:

Welche innere Ressource habe ich, um mit dieser Situation bestmöglich umzugehen? Was finde ich in mir, um gut, vielleicht besser als sonst, auf die vorliegenden Umstände zu reagieren? Welche gute Eigenschaft kann ich aktivieren? Handelt es sich vielleicht um Geduld? Vielleicht ist es Selbstbeherrschung, Durchhaltevermögen, Nachsicht oder Optimismus? Stelle dir vor, wie du in dem Moment deine Ressource hervorholen wirst, wie sich das anfühlen wird. Da ist mehr in dir, als du glaubst.

Schreibe dir deine Ressource auf einen kleinen Zettel und stecke ihn dir in die Jackentasche oder ins Portemonnaie als Erinnerung daran, dass du bereits alles in dir hast, was du benötigst, um dich der Herausforderung zu stellen.

Dienstag

Schütze dich vor Enttäuschungen

Wenn etwas, das wir uns fest vorgenommen und eingeplant haben, nicht funktioniert, sind Frustration und Enttäuschung oft die logische Konsequenz. Aber nicht, wenn du dich stoisch vorbereitest! Liste drei deiner Vorhaben und Pläne für die nächste Zeit auf. Füge zu jedem dieser Vorhaben die stoische Vorbehaltsklausel »*wenn es das Schicksal will*« hinzu. Überlege dir, was dem Vorhaben in die Quere kommen könnte. Was wäre das Worst-Case-Szenario? Wie könntest du möglichst produktiv mit dieser Situation umgehen? Denke über alternative Lösungen und Pläne nach.

Mittwoch

Setze dir Ziele, die du erreichen kannst

Gestern hast du dich mit einem stoischen Umgang mit Plänen und Vorhaben beschäftigt. Auch heute schauen wir uns genauer an, was wir in unserer Hand haben und was nicht. Gehe deinen Tag durch. Was war daran komplett in deiner Hand? Worauf hattest du keinen, worauf nur bedingten Einfluss? Kannst du deine Ziele so umformulieren, dass du sie aus eigener Kraft erreichen kannst? Versuche dich dabei nicht auf ein Ergebnis, sondern auf den Weg dorthin zu konzentrieren. Der entscheidende Faktor ist, dass du dein Bestes gibst.

Donnerstag

Gewinne eine weitere Perspektive

Heute praktizierst du eine der bekanntesten stoischen Übungen, den sogenannten *Blick von oben*. Setze dich dafür an einen ruhigen, dir angenehmen Ort, nimm eine dir angenehme Haltung ein und schließe die Augen. Atme einige Male tief ein und aus und komme in deinem Körper und in der Ruhe an. Dann löst sich dein innerer Blick aus dir heraus und schwebt über deinem Körper. Du siehst dich von oben in deinem Raum sitzen. Dann zoom dich etwas weiter heraus und du siehst dein ganzes Haus wie von oben geöffnet, wie ein Puppenhaus. Du siehst deine Nachbarn ihren Beschäftigungen nachgehen. Wenn du dieses Bild ein wenig auf dich hast wirken lassen, schwebst du noch weiter nach oben. Du schaust auf deine Straße, dann auf deinen Stadtteil. Wie viele Menschen und Tiere sich hier aufhalten. Wie viel Leben sich dort abspielt. Langsam erweiterst du deinen Blick auf deine ganze Stadt, dann dein Bundesland, dein Land, den Kontinent, auf dem du lebst, bis du schließlich bis oben ins All schwebst und unseren ganzen Planeten aus weiter Ferne betrachtest. Du bist einer von Milliarden Menschen auf dieser blauen Kugel. Du bist ein klitzekleiner Teil dieses Kosmos.

Nun kehre zurück in dein Zimmer und in deinen Körper und öffne die Augen. Wie fühlst du dich?

Freitag

Praktiziere Dankbarkeit und löse dich vom Mangeldenken

Wir sind so an unser Lebensniveau gewöhnt, dass uns gar nicht mehr bewusst ist, wie komfortabel wir leben. Was wäre, wenn du plötzlich keine warme Dusche mehr hättest? Keinen wohl gefüllten Kühl- oder Kleiderschrank? Überlege dir drei Alltagsgegenstände, die für dich vollkommen normal sind, und stelle dir dann eine Welt ohne sie vor.

Für welche Umstände in deinem Leben bist du dankbar? Was besitzt du heute, das du dir früher gewünscht hast? Sind es materielle Dinge oder vielleicht auch Werte wie Freiheit oder Selbstständigkeit oder Eigenschaften wie Selbstbewusstsein oder Gelassenheit?

Samstag

Mache einen Unterschied in der Welt

Angesichts der vielen drohenden und tatsächlichen Katastrophen in der Welt fühlen wir uns oft hilflos und überfordert. Wo soll man anfangen, wo so viele drängende Probleme bestehen, und wie kann man als kleine Einzelperson überhaupt eine merkbare Verbesserung herbeiführen? Konzentriere dich heute, anstatt über die ganz großen Probleme der Welt nachzudenken, darauf, einen (vermeintlich) kleinen Unterschied zu machen. Das kann ein nettes Wort oder ein Lächeln sein. Eine freundliche und nachsichtige Reaktion im Alltag.

Ein Hilfsangebot. Ein *small act of kindness*, eine kleine Nettigkeit, kann für jemand anderen den entscheidenden Unterschied machen und einen ganzen Tag oder sogar noch mehr positiv beeinflussen. Welchen Unterschied kannst du machen?

SONNTAG

ERWEITERE DEIN WISSEN

Weißt du wie Sokrates, dass du nichts (oder zumindest relativ wenig) weißt? Mache eine Liste mit Themen, von denen du überhaupt keine Ahnung hast. Themen aus den unterschiedlichsten Bereichen kommen hierfür infrage, wie Technik (wie funktionieren eigentlich EarPods?), Politik, Geografie, Geschichte usw. Mache eine Liste von Bereichen, in denen du überhaupt keine Ahnung hast, aber gerne mehr wissen würdest. Schreibe dir Ideen auf, wie du dein Wissen erweitern kannst. Gehe einer deiner Ideen nach. Höre beispielsweise eine Podcast-Folge zu dem Thema und zähle danach drei Fakten auf, die du gelernt hast, lies einen Artikel auf einem Blog oder in einer Zeitschrift, sieh dir ein Video an etc.

Wenn du am Wochenende Zeit hast für eine Bonusaufgabe:

Bleibe offen und neugierig: Wir haben die Tendenz, nur solche Informationen zu sammeln, die unsere bisherige Überzeugung unterstützen (der sogenannte »Bestätigungsfehler« oder *Confirmation Bias*). Dadurch entgehen uns wichtige Erkenntnisse über die Gegenansicht, unser Verständnis für die »andere Seite« schrumpft, und am wichtigsten: Wir verpassen die Chance zu lernen, dass wir eventuell falschliegen. In den sozialen Medien oder den vorgeschlagenen Artikeln auf unseren Smartphones wird dieser Bestätigungsfehler stark unterstützt, da uns die Algorithmen vorschlagen, was in unsere bisherige Denkweise passt. Höre oder lies etwas »aus dem anderen Team«, um den Bestätigungsfehler zu umgehen. Wenn du normalerweise die *TAZ* liest, schnappe dir die *FAZ* oder andersherum. Es geht nicht darum, deine bisherigen Meinungen über Bord zu werfen, sondern darum, offen zu bleiben, zu lernen und dich nicht zu sehr mit deinen eigenen Meinungen zu identifizieren.

Woche 4

Bewusster Leben/ Stoische Achtsamkeit

Montag

Starte stoisch in den Tag

Jeder neue Tag ist für die Stoikerin eine neue Chance, an ihren guten Charaktereigenschaften zu feilen und einen kleinen weiteren Schritt in Richtung von *eudaimonia* zu gehen. Starte stoisch in deine Woche und frage dich am Morgen: Welche Herausforderungen und Chancen mag der vor mir liegende Tag in petto haben? Welche Tugend kann ich heute kultivieren? Wo kann ich heute wirken, wo muss ich akzeptieren, dass die Welt so ist, wie sie ist?

Dienstag

Nutze deine Zeit sinnvoll

Zeit ist laut Seneca unser wertvollster Besitz, weswegen wir besonders sorgsam damit umgehen müssen. Den Zeitdieb Nr. 1 haben wir permanent um uns herum: Unsere Smartphones stehlen den meisten von uns mehr Zeit, als wir eigentlich darauf verwenden möchten. Social Media und Spiele sind so konzipiert, dass wir süchtig danach werden. Findest du, dass dein Smartphone (oder etwas anderes in deinem Leben) dir täglich Zeit stiehlt? Was könntest du aktiv unternehmen, um dem entgegenzuwirken?

Weitere Zeitfresser sind Verpflichtungen, die wir eingehen, obwohl wir es nicht jedes Mal müssten. Sagst du oft Ja zu Dingen, die du gar nicht wirklich machen möchtest, um anderen einen Gefallen zu tun, um nicht negativ aufzufallen oder weil es sozial unangenehm wäre abzulehnen? In dem Wissen, dass jedes Ja zu einer Verpflichtung ein Nein zu vielen anderen Möglichkeiten deiner Zeitgestaltung darstellt und dass deine Lebenszeit das Wertvollste ist, das du besitzt, und dass niemand sie dir zurückbringen kann – was in deinem Leben ist es dir wert, ein Nein zu wagen?

Mittwoch

Lass dich nicht von deinem Besitz besitzen

Für die Stoiker war unser Besitz ein *preferred indifferent* – etwas, das man anstreben und auch genießen darf, solange man es sein Eigen nennt. Der Verlust des Besitzes sollte uns emotional allerdings nicht aus der Bahn werfen. Eine stoische Taktik, um sich emotional von Besitztümern zu entkoppeln, besteht darin, sich über ihre Beschaffenheit klar zu werden. Denke an Dinge in deinem Besitz, die wertvoll sind. Dann beschreibe sie in ihren Materialien und Einzelteilen. Eine Handtasche ist dann ein Stück gegerbte Kuhhaut mit einem eingenähten Etikett. Ein iPhone ist ein Stück Glas, mit Chip und Plastik. Was stößt dir tatsächlich zu, wenn du diese Dinge verlierst oder wenn sie kaputtgehen? Besitzt du etwas, das dir keiner wegnehmen kann, das ohne dein Einverständnis keinen Schaden nimmt?

Donnerstag

Bedenke, dass du sterblich bist, und lebe in vollen Zügen

Zu sagen, dass die Stoiker besessen vom Thema Tod waren, ist keine Übertreibung. Für sie war die Beschäftigung mit der Vergänglichkeit aber kein deprimierendes Thema, sondern vielmehr eine Erinnerung daran, das Leben im Jetzt und Hier voll zu nutzen und nichts Wichtiges ungetan zu lassen. Wenn du morgen früh nicht mehr aufwachen würdest – gäbe es eine wichtige Sache, die du gerne noch getan hättest? Etwas, das du einer anderen Person gerne gesagt hättest? In dem Wissen, dass wir uns nie sicher sein können, wie lange wir noch dafür Zeit haben zu erledigen, was wichtig ist: Was hält dich davon ab, diese Sache heute noch anzugehen?

Freitag

Begegne deinen negativen Gefühlen auf achtsame Art und Weise II

Zu Beginn deines Übungsmonats hast du dich mit einem negativen Gefühl und dem zugrundeliegenden Werturteil beschäftigt (Dienstag der Woche 1). Diese Übung machst du heute, mehrere Wochen im stoischen Training fortgeschritten, noch einmal. Rufe also ein unangenehmes Gefühl, das du heute verspürt hast, ab. Vielleicht war es Schadenfreude, Zorn, Frustration oder Reue. Hast du das Gefühl in der eigentlichen Situation bereits wahrgenommen? Hast du dich da schon gefragt, welches Werturteil deiner Emotion zugrunde lag? Wenn du es in der Situation selbst nicht getan hast, frage dich jetzt: Warum denkst du so? Ist dein Werturteil wirklich korrekt? Gibt es eine andere, wohlwollendere Art, die Situation zu betrachten?

Denkst du inzwischen schon öfter im Alltag über deine aufkommenden Gefühle nach und gehst ihnen auf den Grund?

Samstag

Lade mehr Stille in dein Leben ein

Stoische Achtsamkeit bedeutet etwas anderes als östliche Meditation. Es geht, sehr vereinfacht gesagt, darum, sich im klaren Denken zu üben. Doch auch dafür ist ein gewisses Maß an Ruhe erforderlich.

Setze dich heute eine Viertelstunde in einen ruhigen Raum oder an einen sehr ruhigen Ort in der Natur. Stelle dir einen Timer, aber lege dein Smartphone dann beiseite. Mache es dir bequem. Du kannst die Augen schließen, wenn du das möchtest. Lass deine Gedanken kommen und gehen. Es gibt keine Vorgaben, du musst an nichts Bestimmtes denken. Beobachte einfach, was dich beschäftigt, und lass die Gedanken vorbeiziehen, ohne sie zu bewerten. Welche Gedanken werden klarer, wenn du ganz ruhig bist?

Sonntag

Stärke deinen Sinn für die Wunder der Natur

Unser Alltag ist oft hektisch und laut, die Tage fliegen nur so vorbei. Was dabei verloren geht, ist ein Innehalten, ein Gefühl des Staunens über die wunderbare Beschaffenheit der Welt, die uns umgibt. Sie ist ein einziges Wunder, von der kleinen Pflanze auf unserem Heimweg bis hin zu den Sternen am Himmel. Auf die Gefahr hin, dass die Leute dich für verrückt halten (eine nicht unwahrscheinliche Situation für eine Philosophin), nimm dir die Zeit und schenke der Welt um dich herum heute deine besondere Aufmerksamkeit. Ein paar Ideen für die Suche nach kleinen Wundern:

- Betrachte die Struktur eines Blattes für mehrere Minuten. Was fällt dir auf?
- Setze dich auf eine Parkbank, schließe die Augen und höre deiner Umgebung zu. Was nimmst du wahr?

- Beobachte ein Tier ganz genau, wie es aussieht, sich bewegt. Wie kannst du es jemandem beschreiben, der so ein Tier noch nie gesehen hat? Was ist besonders und faszinierend an diesem Lebewesen?

Anmerkungen

1 Ich benutze in diesem Buch grundsätzlich das generische Femininum, meine damit aber alle Personen. Leidglich bei den antiken Stoikern benutze ich die männliche Form, da unserer Kenntnis nach nur Männer Schriftliches hinterlassen haben.

2 Vgl. www.modernstoicism.com

3 Vgl. Studie der Agentur der Europäischen Union für Grundrechte (FRA): »Gewalt gegen Frauen: eine EU-weite Erhebung« (2014).

4 https://www.bmfsfj.de/bmfsfj/themen/gleichstellung/gender-care-gap/indikator-fuer-die-gleichstellung/gender-care-gap-ein-indikator-fuer-die-gleichstellung-137294.

5 Quelle: Jahresbericht Müttergenesungswerk 2021, S. 16.

6 Vgl. die Einleitung zu *How to Live a Good Life: A Guide to Choosing your Personal Philosophy*, herausgegeben von Massimo Pigliucci, Skye Cleary & Daniel Kaufman, 2020, Vintage Books/Penguin Random House LLC.

7 Über das Zusammenspiel von stoischer Vernunft mit christlichem Glauben schreibt beispielsweise Kevin Vost in *The Porch and the Cross – Ancient Stoic Wisdom for Modern Christian Living*, 2016, Angelico Press.

8 Übersetzungen jeweils durch die Autorin.

9 Robert Waldinger und Marc Schulz: *The Good Life und wie es gelingen kann – Erkenntnisse aus der weltweit längsten Studie über ein erfülltes Leben*, Kösel 2023.

10 Auf Deutsch: »Die 1-Prozent-Methode – Minimale Veränderung, maximale Wirkung«

11 Studie *Health Behaviour in School-aged Children – Faktenblatt Körperbild und Gewichtskontrolle bei Kindern und Jugendlichen* (Autorinnen Finne, Schlattmann, Kolip)

12 Vergleiche z. B. https://greatergood.berkeley.edu/article/item/why_gratitude_is_good, von dem Psychologen und Professor und der UC Davis Robert A. Emmons

13 Ein Begriff, den David Fideler in seinem Buch *Frühstück mit Seneca* gebraucht, S. 254.

14 Vgl. ausführlich hierzu: Donald Robertson in *Stoicism and the Art of Happiness – Practical wisdom for everyday life* S. 153 ff. (auf Deutsch: *Stoizismus und die Kunst, glücklich zu sein*), 2018, Hodder & Stoughton.

15 Pressemitteilung Nr. N 015 vom 7. März 2023 des Statistischen Bundesamtes.

16 Nachzulesen in *How to live a good life – a guide to choosing your personal philosophy* in Owen Flanagans Kapitel über Buddhismus.

17 Jamie Lombardis beeindruckenden Essay kannst du auf: https://aeon.co/ideas/marcus-aurelius-helped-me-survive-grief-and-rebuild-my-life nachlesen.

18 Brené Brown: *Laufen lernt man nur durch Hinfallen: Wie wir zu echter innerer Stärke finden*, S. 32.

19 »Ein Pfauenauge im Konzertsaal«, Interview mit der Frankfurter Allgemeinen Sonntagszeitung vom 26. März 2023.

20 Das Zitat stammt von Friedrich von Logau, einem deutschen Dichter aus dem 17. Jahrhundert.

21 Adam Grant, *Think Again: Die Kraft des flexiblen Denkens*, München 2022.

22 Viktor E. Frankls Buch ... *trotzdem Ja zum Leben sagen – Ein Psychologe erlebt das Konzentrationslager* ist eines der beeindruckendsten Zeugnisse eines Menschen in einer Situation unvorstellbaren Leidens; absolute Leseempfehlung!

23 https://ryanholiday.net/everything-you-say-yes-to-is-saying-no-to-something-else/, Übersetzung durch Autorin.

24 Vgl. Kai Whiting und Leonidas Konstantakos in *Being Better – Stoicism for a world worth living in*, S. 119f., 2021, New World Library.

25 https://dailystoic.com/tim-ferriss/

26 Tim Urban hat auf seinem Blog www.waitbutwhy.com einen Beitrag mit diesem Konzept: *Your life in weeks.*

Glossar

Apatheia: Leidenschaftslosigkeit (im Sinne des Fehlens von negativen Emotionen), die zu einer Freiheit von seelischem Schmerz führt. Vollkommene *apatheia* ist der oder dem Weisen vorbehalten.

Arete: Tugend im Sinne von dem Wissen, wie man sich in der Welt zu verhalten hat, Vortrefflichkeit/Exzellenz (moralisch und in anderen Eigenschaften/Tätigkeiten, zum Beispiel physisch bei einer Tänzerin oder technisch bei einer Chirurgin)

Ataraxia: Unerschütterlichkeit, eine Seelenruhe, die nicht durch äußere Umstände beeinträchtigt werden kann

Axia: Der wahre, positive Wert eines Gutes, das zu bevorzugen ist, wie Schönheit, Reichtum, Ansehen

Eudaimonia: Ein gelungenes Leben, ein Zustand von Glück, der darauf beruht, dass ein Mensch sein volles Potenzial entfaltet

Eupatheia: Positive, gute Emotionen (das Gegenteil von *pathe*), sie sind das Ergebnis tugendhafter Handlungen und korrekter Urteile

Logos: Kosmische Vernunft, ein den gesamten Kosmos durchdringendes Prinzip der Ordnung

Oikeiosis: Prozess der Aneignung, ein Entwicklungsprozess, der vom Eigeninteresse hin zur Fürsorge für die ganze Welt abläuft

Pathe: (Negative) Emotionen, basierend auf falschen Werturteilen

Prohairesis: Wahlfreiheit, freier Wille. Nach Epiktet ist diese Autonomität der Kern des Menschseins.

Prokopton: Person, die Fortschritte dabei macht, die stoische Philosophie zu erlernen und anzuwenden

Propatheia: Vor-Emotionen, unmittelbar körperlich ablaufende, automatische Reaktionen auf erste Eindrücke

Prosoche: Aufmerksamkeit, ein Zustand des Wachseins

Sympatheia: Verflochtenheit, enge kausale Verbundenheit aller Teile des Kosmos in gegenseitiger Abhängigkeit

Buchempfehlungen

Bücher zur Einführung, die ich empfehle:

William B. Irvine: *Eine Anleitung zum guten Leben: Wie Sie die alte Kunst des Stoizismus für Ihr Leben nutzen*, München: FinanzBuch Verlag, 2020
Massimo Pigliucci: *Die Weisheit der Stoiker: Ein philosophischer Leitfaden für stürmische Zeiten*, München: Piper Verlag, 2019
Massimo Pigliucci: *Das Handbuch des glücklichen Lebens: 53 kurze Lektionen, um gut zu leben*, München: FinanzBuch Verlag, 2022
Donald B. Robertson: *Stoizismus und die Kunst, glücklich zu sein: Alte Weisheiten für moderne Herausforderungen*, München: FinanzBuch Verlag, 2021
Jonas Salzgeber: *Das kleine Handbuch des Stoizismus: Zeitlose Betrachtungen, um Stärke, Selbstvertrauen und Ruhe zu erlangen*, München: FinanzBuch Verlag, 2019
John Sellars: *Lessons in Stoicism. What Ancient Philosophers Teach Us about How to Live*, Penguin Random House, 2020
Kai Whiting und Leonidas Konstantakos: *Being Better: Stoicism for a World Worth Living in*, Novato, California: New World Library, 2021
Einen akademischen Überblick über die Philosophie, insbesondere wenn man mehr über stoische Logik und Physik erfahren möchte, bietet Anna Schriefls, *Stoische Philosophie. Eine Einführung*, Stuttgart: Reclam, 2019.

Wer mehr über Erziehung nach stoischen Prinzipien lernen will, dem lege ich Brittany Polats bisher nur auf Englisch erschienenes *Tranquility Parenting – A Guide to Staying Calm, Mindful, and Engaged*, Lanham, Maryland: Rowman & Littlefield, 2019, ans Herz.
Wer wie ich besonderes Interesse an Seneca hat, dem empfehle ich *Frühstück mit Seneca. Ein philosophischer Leitfaden für ein glückliches Leben* von David Fideler, München: FinanzBuch Verlag, 2022.

Wer sich für die Originaltexte interessiert, aus denen ich zitiere, sollte sich folgende Werke ansehen:
Epiktet: *Gespräche, Fragmente, Handbuch – Moderne Gesamtausgabe* von Tino Deckert (Hrsg.), Hamburg: tredition Verlag, 2021
Mark Aurel: *Selbstbetrachtungen* in einer Neuübersetzung von Gregory Hays, München: FinanzBuch Verlag, 2. Auflage, 2021
Musonius Rufus: *Die Kunst, trotz Mühsal gut zu leben. Die Lehren eines römischen Stoikers*, München: FinanzBuch Verlag, 2022
Seneca: *Briefe an Lucilius*, Stuttgart: Reclam, 2022
Seneca: *Das große Buch vom glücklichen Leben*. Gesammelte Werke, Köln: Anaconda Verlag, 2014